耕海牧渔

奋楫千重浪

杨威
刘永虎 ◎ 编著

青岛出版社
QINGDAO PUBLISHING HOUSE

"建设海洋强国书系"编委会

总 序

1888 年 12 月 17 日,我国近代规模最大的海军舰队在山东威海卫刘公岛成立。这支军队的建立实在迫于当时的形势与国情。这要从第一次鸦片战争说起。

1840 年,英国以虎门销烟事件为借口,发动了第一次鸦片战争。此役,清政府一败涂地。英国得了银子,占了香港。1856 年,英国和法国为扩大在华利益,分别以亚罗号事件和马神甫事件为借口,发动了第二次鸦片战争。清政府又一次割地赔款。

落后就要挨打,面对风雨飘摇的弱者,谁都想分一杯羹。1874 年,日本以牡丹社事件为借口出兵我国台湾。结果,清政府自知实力不足、海防空虚,且新疆亦有纷争,不欲战事扩大,遂赔款 50 万两白银。

台湾战事令清政府朝野震怒:前两次打不过英、法,此次"日本东洋一小国"又寻衅生事,怎能咽下这口气?危机意识刺激着清政府,一场近代海防建设的大讨论激烈展开。恭亲王提出"练兵、简器、造船、筹饷、用人、持久"等 6 条紧急机宜;李鸿章献上洋洋万言的《筹议海防折》,提出要进装备、强海防;丁日昌则建议建立三洋海军。总理衙门综合各方面的意见,提交了实施方案。清政府基本同意创设三支海军的奏请。光绪帝特命北洋大臣李鸿章创设北洋水师。

李鸿章即着手筹办北洋海军,通过英国人赫德在英国订购了 4 艘蚊船。1876 年 11 月,"龙骧""虎威""飞霆""策电"4 艘蚊船抵达天津后南下福建。"龙骧""虎威"二船驻防澎湖,"飞霆""策电"随水军操练。因确信蚊船的质量,李鸿章又订购了 4 艘,分别命名为"镇东""镇西""镇南""镇北",留北洋接受调遣。1879—1881 年,清政府又向英国、德国订造"扬威""超勇"两艘撞击巡洋舰以及"定远""镇远"两艘铁甲舰。

促成清政府决心设立海军的是中法战争。1883 年 12 月至 1885 年 4 月,法国陆海两路进攻我国。法国舰队尤其肆无忌惮,在福建、浙江沿海一带击沉或击伤清战舰多艘,令清政府受到极大刺激。光绪下谕"惩前毖后,自以大治水师为主",决定设立海军衙门。

此后 3 年,清政府海防事业迅速发展,从英、德等海军强国购置了鱼雷艇、巡洋舰等多种海军装备。1888 年 12 月 17 日,清政府在山东威海卫刘公岛成立海军舰队,史称"北洋水师"。我国近代海军装备发展由此掀起一个高潮。

北洋水师作战舰艇的总吨位超过 3 万吨,一度使我国跃居海军大国的行列,在亚洲地区首屈一指。有人专门为这支队伍谱写了一首军歌:

> 宝祚延庥万国欢,景星拱极五云端。
>
> 海波澄碧春辉丽,旌节花间集凤鸾。

好景不长。几年后,北洋水师在甲午中日海战中惨败,清政府被迫签订不平等的《马关条约》,割让台湾岛、澎湖列岛等给日本,赔款 2 亿两白银。自此,西方列强对中国这块"肥肉"更加垂涎三尺,欲进一步瓜分。1900 年,八国联军在天津集结,攻占大沽炮台,进而占领北京,逼迫清政府签下近代史上赔款数额最大、主权丧失最多、精神屈辱最深、给中国人民带来空前灾难的不平等条约 ——《辛丑条约》。海洋上的失利,就这样持续戳痛着中国人的心。

青年时代的毛泽东曾专程跑到天津大沽口,深沉地指着大海说:"过去,帝国主义侵略中国大多从海上来。中国有海无防,帝国主义国家如同行走内河,屡屡入侵中国领土。"

近代百年的历史,给予中华民族刻骨铭心的教训——"向海而兴、背海而衰;不能制海、必为海制";更使国人坚定了一种信念——"海洋兴,则国兴;海洋衰,则国衰"。

目光投向海洋,崛起离不开海洋。新中国成立前夕的 1949 年 8 月,毛泽东为华东军区海军题词:"我们一定要建设一支海军。"1953 年 2 月 19 日,毛泽东首次视察海军部队,乘军舰航行 4 天 3 夜,为"长江""洛阳""南昌""黄河""广州"5 艘军舰题词:"为了反对帝国主义的侵略,我们一定要建立强大的海军。"他的许多海洋发展思想陆续形成:"把一万多公里的海岸线建成'海上长城'","必须大搞造船工业,大量造船,建立海上铁路","过去在陆地上,我们爱山、爱土,现在是海军,就应该爱舰、爱岛、爱海洋","核潜艇,一万年也要搞出来"……

这些思想,既面向世界、反对侵略,又立足国家需求、改变了传统的重陆轻海观念。同时,这也构筑了海洋事业发展的丰富内涵,奠定了中国海洋事业发展的基础。

百年砥砺奋进迎来百年沧桑巨变。勤劳勇敢的中国人民辟除榛莽、乘风破浪,纵横九万里,潜航一万米,奋楫千重浪,决战新要地。深邃浩渺的海洋迎来了中国人的航母、军舰、科考船、海洋卫星、潜水器、跨海大桥、海底隧道、海洋生物医药、淡化海水、石油钻井平台、高效港口 …… 这正是:

> 虎门销烟气氤氲,帝国主义战舰侵。
>
> 山河破碎泪无限,沧海怒波血有魂。
>
> 百年漫漫风云路,万众拳拳赤诚心。
>
> 开辟天地换日月,向海图强定乾坤。

前　言

　　自古及今，蓝湾海岛周围经常出入一个群体，这个群体"居止白云内，渔樵沧海边"，过着渔猎生活。

　　渔猎是先于农牧业出现的最古老的产业之一，在我国有着悠久的历史。上古时期，人们"作结绳而为网罟，以佃以渔"（猎鸟兽为"佃"，捕鱼鳖为"渔"）。随着社会的发展，渔猎逐步发展出渔业中的捕捞业和养殖业，成为人们日常生产生活中不可或缺的一部分，形成了独特的文化。人们靠海而生，结网育种，捕鱼抓虾养螃蟹；后来造船结队，走向远海，捕捞新鲜海产品。

　　工业革命推动了科技发展，使得世界多国掀起了船舶制造的高潮。新中国成立后，我国出现了从"靠海吃海，看天吃饭"到"耕海种湖""耕海牧渔"的革命性变化。

　　伴随着共和国成长的脚步，我国的渔业生产由一穷二白到1988年水产品产量高于1000万吨，再到1990年水产品产量跃升为世界第一并保持至今。2017年和2018年，我国水产品年产量均超过6400万吨，全国人均水产品占有量约为46千克。老百姓的餐桌上，鱼、虾、蟹、螺品种多样，肉质细嫩，口感怡人，较大地满足了人们对美好生活的向往。

　　本书主要以我国的海洋捕捞、海水养殖、海洋渔业生态发展等为主线，讲述我国海洋渔业装备的变化过程，展示中华儿女为实现全面建成小康社会，坚持陆海统筹，走依海富国、以海强国、人海和谐、合作共赢的发展道路的生动实践探索和取得的辉煌成就。

目　录

第一章　自力更生

简单的捕鱼 / 002

渔鱼变革 / 005

第二章　渔舟之利

舟船盛世 / 012

钢质化、机械化道路 / 021

信息化更迭 / 024

第三章　向海而生

近海捕捞 / 030

远洋获渔 / 034

船儿下远洋 / 038

大西洋上第一网 / 040

"开创"远洋拖网 / 042

远洋渔船的紧急救援 / 046

磷虾捕捞加工船 / 047

民企投建"明开"号 / 051

探秘金枪鱼 / 054

我国首艘远洋渔业资源调查船

　　——"淞航"号 / 056

渔业"航空母舰" / 061

第四章 与海共舞的养殖

我国海水养殖的起源 / 068

我国海水养殖的五次浪潮 / 071

深海网箱养殖 / 078

"海上花"——"耕海1号"/ 081

驱"鲸"入海——"长鲸一号"/ 086

"Havfarm 1"深水养殖工船 / 091

我国首座全潜式"深海渔场"——"深蓝1号"/ 095

"海洋渔场1号"/ 101

智能鱼家——"德海1号"/ 104

智能环保——"振鲍1号""福鲍1号"/ 108

养殖工船——深远海智慧渔业工厂 / 114

第五章 "放牧"海中央

人海和谐——海洋牧场 / 116

海洋牧场放牧海滨 / 126

后　记 / 135

第一章　自力更生

　　碧波荡漾的大海总能激起人类的梦想，即便是在原始社会，也会让人心潮澎湃。

　　原始社会生产力水平低下，人类为了生存，聚焦采集和渔猎，用双手制成网、钩、镖、叉、枪等工具捕捞水生生物。

　　人类真切体会到通过捕捞可以获得丰富的食物，在后来的社会进程中逐步将其发展和完善。随着社会的不断进步，捕捞渐渐成为一种产业，在碧波沧浪中贡献着一曲曲生存壮歌、一幅幅丰收靓景、一道道美味佳肴……

简单的捕鱼

受限于生产力水平,原始社会的人类获取海洋食物基本靠手和简单的工具。在旧石器时代,处于原始社会早期的人类会在居住地附近的水域中捞取鱼类、贝类维持生活。

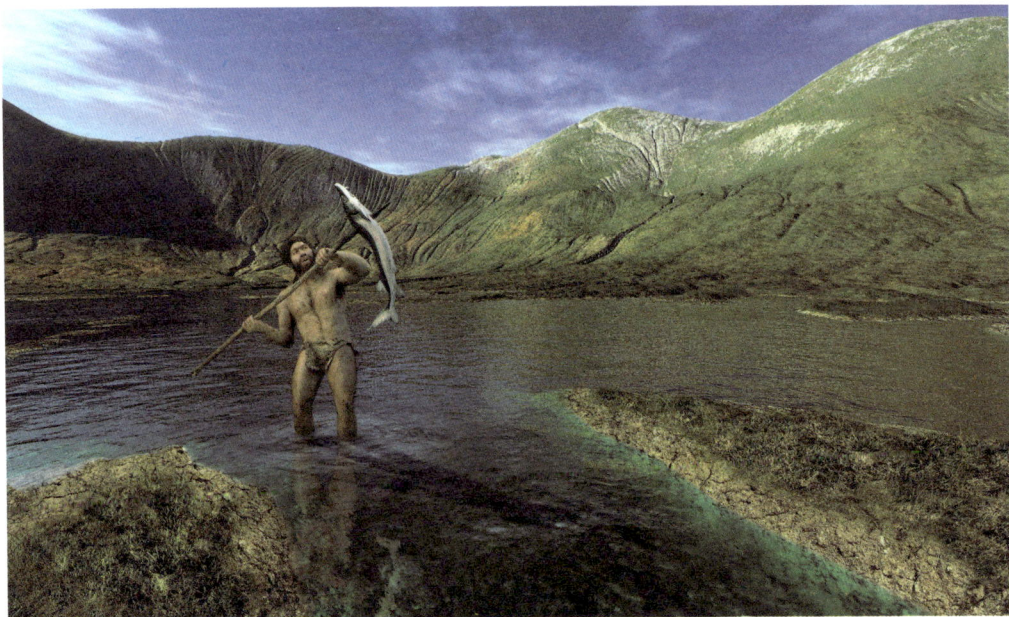

原始人类捕鱼图(想象图)

生活于海边的人们观察到海水的潮汐现象,就在退潮后到浅滩上捡拾遗落下的鱼、虾、蟹、螺等作为食物。

大约10万年前,山西汾河流域的"丁村人"已开始捕捞青鱼、草鱼、鲤鱼和螺类、蚌类等。北京周口店山顶洞人的捕捞物中有草鱼、河蚌以及可能通过交换得到的海蚶。

商朝末年,商朝附属国周发展迅速。周的首领季历呕心沥血,带领人民发展经济,使得国家越来越强大。商朝统治者认为周对自己的统治地位存在巨大的威胁,便下令杀掉季历,以除后患。

季历死后,周文王姬昌继位,决定为父亲报仇雪恨,便遍访能人贤士。据传,在一次外出打猎时,周文王看见一个白发苍苍的老者在钓鱼,老者嘴里一直念叨着"快上钩啊,愿意上钩的快上钩"。

　　周文王走过去一看，发现老者手持竹竿，鱼钩离水面有三尺高，还是直的，不挂鱼饵。他不禁心生疑惑：这样能钓到鱼吗？

　　于是，周文王走过去与老者搭话，发现这位老者上知天文，下知地理，对于天下大势了然于胸。周文王便请这位老者辅佐他治理国家。这位老者为日后推翻商朝、建立周朝做出了巨大贡献。

　　说到这里，老者的身份呼之欲出。不错，老者姓姜，名尚，字子牙。周文王和姜子牙相遇的故事流传开来，便有了"姜太公钓鱼，愿者上钩"这一典故。

　　从这个故事可以看出，商朝末年，我国用钓具捕鱼的方式已经很成熟。

　　在对大自然不断探索的实践中，人们改进或发明了大量的渔猎工具。其中，单倒刺鱼镖、双倒刺及三倒刺的鱼镖，角制单倒钩或双倒钩的鱼叉，具有支钩或倒钩的骨鱼钩，石头制的网坠，以及石矛、骨矛等大型投刺器最具有代表性。

单倒刺鱼镖

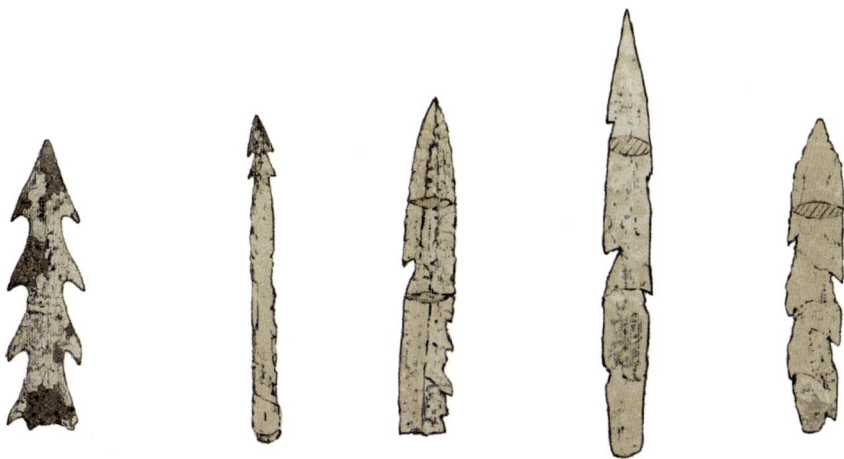

双倒刺鱼镖

考古资料显示,我国古文化遗址出土的距今 4000~10000 年的捕鱼工具有骨制的鱼镖、鱼叉、鱼钩以及石坠、陶网坠等。我们从这些捕鱼工具中可以推断出当时已出现多种捕鱼方法。除用手摸鱼、用棍棒打鱼和用弓箭射鱼外,人们已能用鱼镖叉鱼和进行钩钓、网捕等。这说明当时人们开展了种类多样的捕鱼活动。这不仅是我国古代捕鱼技术的进步,更是古代人类在生产活动上的巨大进步。

随着时代的快速发展,生产工具在实践中得到不断完善,用铜、铁等材料制作的捕鱼工具代替了之前木制、石制、骨制的捕鱼工具且一直沿用至今。

渔鱼变革

随着社会生产力的不断提高,人们的需求不断增加,用钓具捕鱼等简单的捕捞方式已经不能满足人们的需要,进而催生了另一种捕捞方式 —— 网捕。

网具出现的时间比较早,《周易·系辞》《世本》《吕氏春秋》等都有网具的相关记载。

唐朝诗人陆龟蒙在《渔具十五首并序》中对网具、投刺渔具、定置渔具等作了细致的介绍。

经过上千年的发展,网具的形式更加多样。我国在 2003 年颁布了《渔具分类、命名及代号》,系统介绍了已有网具。

我国目前的网具主要有 12 类,包括刺网、围网、拖网、张网、敷网、陷阱、笼壶、地拉网、抄网、掩罩、耙刺和钓具等。

刺网是由多个网片连接成的长带状网具。用刺网捕鱼的原理是:刺网放置在水中时,会因上下纲重力和浮力的不同沿着垂直的方向张开,在鱼虾的游泳通道上形成阻碍,使鱼虾碰到网衣时缠绕其上,进而达到捕捞的目的。根据不同鱼类生活的水层,人们可以设置上层、中层、下层 3 种刺网。采用刺网捕捞的海洋经济物种主要有鲳鱼、马鲛鱼、梭子蟹、对虾、金枪鱼、鲑科鱼类、口虾蛄等。

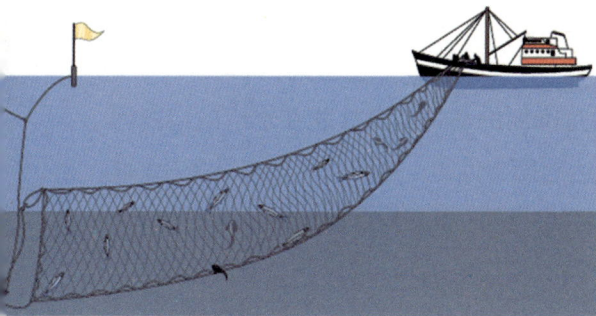

刺网作业示意图

用刺网捕鱼。

围网是将鱼包围起来捕获的网具。海洋中的一些鱼类具有集群性质，为围网作业提供了可能。围网工作时，先利用长带形或拥有一个囊袋的网具将鱼群等包围，然后利用围张、围拖等方式将鱼集中在取鱼部或者囊袋，进而达到捕捞的目的。采用围网捕获的海洋生物主要包括鲐鱼、蓝圆鲹、竹荚鱼、沙丁鱼、金枪鱼等。

无囊围网作业示意图

渔民用无囊围网捕鱼。

拖网是一种移动的过滤性网具。人们通过渔船的动力拖曳放置在水中的拖网网具，将其经过区域的海洋生物拖进网中，以此达到捕捞目的。拖网的类型有很多：根据水层的不同，可以分为表层拖网、中层拖网和底层拖网；根据拖曳船只数量的不同，可以分为单船拖网、双船拖网和多船拖网；根据网具结构的不同，可以分为单囊拖网（囊是用于收集鱼的部分）、多囊拖网、桁杆拖网（由桁杆、网身和网囊组成）、框架拖网（网口多为长方形）、有翼单囊拖网（整个网由网身、网翼和网囊构成）、有翼多囊拖网和双联拖网（由并联的两个独立拖网构成）等。拖网不仅可以捕获鱼类，还可以捕捞头足类、贝类及甲壳类生物等。

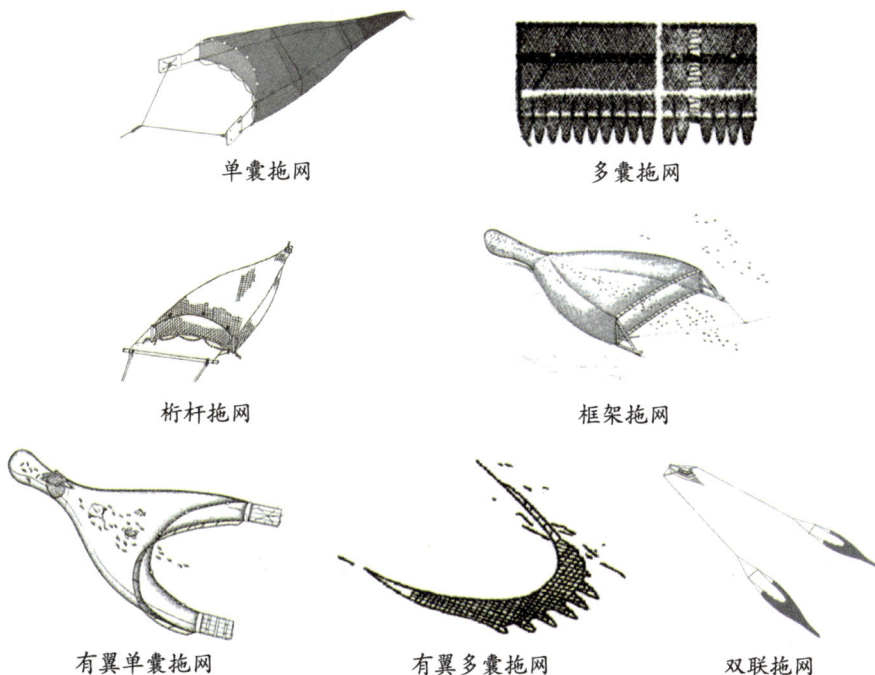

单囊拖网　　　　　多囊拖网

桁杆拖网　　　　　框架拖网

有翼单囊拖网　　　有翼多囊拖网　　　双联拖网

拖网网具类型示意图

张网利用木桩、锚、竹竿等工具将单片网或囊袋固定在具有一定流速的水域或者鱼类等洄游的必经之路上，通过水流的冲击迫使鱼类等进入网具，从而达到捕捞的目的。在海洋中，张网可以捕获的鱼类主要有大黄鱼、小黄鱼、带鱼等。

敷网类网具通过人类干预诱集或者自然等待鱼类等进入网具上方，然后迅速将网具提升，达到捕捞的目的。敷网作业

张网作业示意图

具有以下生产特点：集中在沿岸渔场区域；渔具结构简单，操作技术不甚复杂，集鱼和诱鱼的方法比较科学；除少数几种渔具生产规模较大外，大多数渔具生产规模比较小，渔获量也较少；作业规模不大，而且集鱼、诱鱼需要一定条件，因此作业时间受到限制。灯光敷网作业就是利用鱿鱼和一些中上层鱼类的趋光性，利用人造光源先将鱼群诱集到渔船周围的光照区内，再诱导至已敷设在船艉部水域中的网具内，然后提绞网具，达

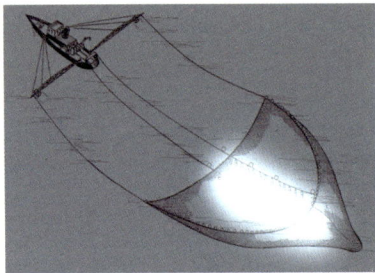

大型灯光敷网作业示意图

到捕捞的目的。灯光敷网渔船在渔场作业的大致流程如下：先撑开支撑杆，放下船艉沉锤，并使船艉顶流，然后按顺序放出囊袋、主网衣、上下纲、起网纲等，待其都入水后，通过导绳将两翼网衣牵引至撑杆两端使网具充分扩张呈箕状；依次开启水上灯、水下灯、导鱼灯，通过光照诱集鱼群，诱鱼时间一般为2.5~3 小时；从船艏至船艉依次关闭水上灯及船上的所有工作灯，然后每隔 15~20 秒从船艏至船艉同步逐盏关闭两舷水下灯，末盏水下灯关闭的间隔时间宜稍长；关闭所有水下灯后，继续将导鱼灯留在船艉进行光诱，经 1 分钟左右调弱灯光亮度，并用弱光继续光诱约 1 分钟，然后将导鱼灯向网内缓慢移动；当导鱼灯移动至终点时，关闭导鱼灯，收回导鱼灯索并迅速绞收起网纲，完成捕鱼作业。灯光敷网的主要捕捞对象有带鱼、鲐鲹类、头足类等。

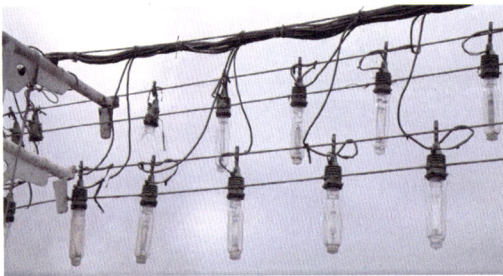

我国舟山某灯光敷网渔船上的吊灯

灯光诱集鱼群水下示意图

陷阱类网具利用不同水域的特点将鱼类等诱陷进网具中，使其很难从网具中逃离，从而达到捕捞的目的。这类网具通常设置在沿岸附近以及鱼类等的产卵地、索饵通道上。

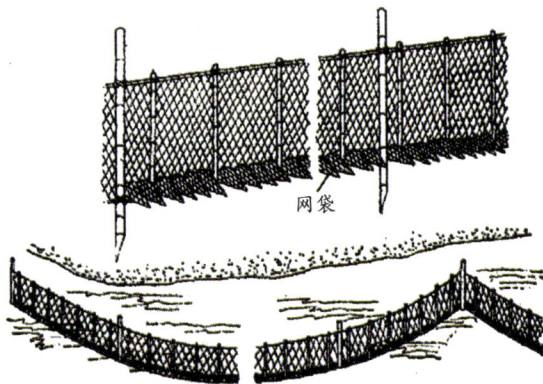

陷阱类（插网）网具示意图

笼壶类网具是通过在其中放置诱饵以吸引鱼类等进入，同时在笼中设置防逃跑装置来达到捕获目的的。这种渔具操作简单、实用、作业时间短、选择性强、捕捞效果好，至今仍然被广泛应用，如乌贼笼、蟹笼、龙虾笼壶等。

笼壶类网具

地拉网网具的结构和作业原理与围网基本一致。地拉网一般只能在水深较浅的水域使用，用于捕获常见的小型鱼类。地拉网网具由于操作简单，曾经是我国沿海地区普遍使用的网具之一，但是随着其他网具的发展，地拉网网具逐渐被淘汰。

地拉网网具

抄网类网具是日常生产生活中最常见的一种网具，属于小型网具，用于捕捞沿岸的小型鱼类等。它主要利用舀取、手推的方式进行捕捞。这种网具历史悠久，但由于其局限性，只能作为一种辅助网具来使用，属于非专业性网具。

抄网类网具

　　掩罩类网具的工作原理是：利用人力将网具快速撒出后，网具的下纲迅速沉入水底；起网时下纲会不断收缩，使得渔获物都被罩在网衣中。这类网具只能用于浅水区、养殖区、鱼群密集的渔场内。

掩罩类网具

　　耙刺类渔具是利用特制的鱼叉、耙刺、钩、铲等工具刺捕或铲捕捕捞对象的渔具，是沿海地区历史悠久的渔具，主要捕捞对象有毛蚶、黄蚬、贻贝、鲽等生物。

　　钓具类渔具主要是指用钓线系结装有诱惑性饵料的钓钩、弹卡，并利用鱼类、甲壳类、头足类等动物的食性诱使其吞食，进而达到捕获目的的渔具。这种渔具具有结构简单、制作容易、成本低、捕捞对象广泛等特点。

第二章　渔舟之利

　　唐朝诗人王勃所作的《滕王阁序》中有很多名句，其中"落霞与孤鹜齐飞，秋水共长天一色。渔舟唱晚，响穷彭蠡之滨；雁阵惊寒，声断衡阳之浦"尤为惊艳。"渔舟唱晚"亦被作为题名谱成千古名曲。在中国文化中，渔和舟常常作为文学家和艺术家写景寄情的载体。

　　"渔舟逐水爱山春，两岸桃花夹古津。坐看红树不知远，行尽青溪不见人。"片片白帆逐浪去，渔舟唱晚满载归。旭日东升，夕阳西下，撑一艘船，撒几次网，渔民一天的吃喝也许就不愁了。

　　沧海桑田，岁月更迭。船舶依然是人们在茫茫大海中的重要依靠，作为重要的水上交通工具，为渔民提供了巨大的便利。新中国成立后，渔船捕捞今非昔比，船舶生产加速发展。沿海每年开渔节时，千帆竞发绘成壮美画卷，迸发出新时代的蓬勃力量。

舟船盛世

根据史料记载，我国是世界上发明造船技术最早的国家之一。

"古者观落叶因以为舟。""古人见窾木浮而知为舟。"由此可见，我国古代劳动人民发明舟船受到了自然界事物或现象的启示。

传说在尧舜时代，洪水泛滥，淹没了大片土地，破坏了农田屋舍，给百姓带来了灾难。大禹的父亲鲧被委派治理全国的水患。鲧治水方法不当，也不懂得兴修水利，9年时间仍然没有消除水患。

后来，鲧的儿子禹继承了父亲没有完成的事业，继续治理全国水患。为了深入实地作调查，更好地指挥治水工程，禹四处寻找一种可以载他在水上航行的交通工具。不久，他在今天的四川梓潼一带找到一棵参天大梓树，便带着木匠将其砍倒并建造了一种宽敞、轻巧且能航行于水上的交通工具，将其命名为"舟"。

禹乘坐这艘独木舟，经过十几年的不懈努力，终于治服洪水，消除水患。

后来，人们发现：与单独一根木头做成的舟相比，用几根木头捆扎在一起制作成的木筏浮力更大，航行更平稳。后来，人们利用石斧将大木头的上层削平，掏空树干以装载更多物品，独木舟的凹槽变得越来越大。与此同时，人们还发现尖形头部的独木舟比方形头部的独木舟划起来更省力，速度也更快，就将独木舟的头部全部加工成尖形的。

独木舟和木筏

　　随着独木舟舟身变薄，其稳定性逐渐下降，人们又发明了用横梁加固的方法，使独木舟变得又稳又结实。后来，为了方便上下船和存放货物，人们在横梁上铺加了船板，使船只有了船舱。至此，独木舟具备了现代船舶的雏形。

　　在夏朝（约公元前21世纪—约前16世纪），我国进入奴隶制社会，生产力水平有了较大的发展，大量生产工具（凿子、锯子、绳子等）出现。当时，水上运输活动变得频繁，货物的重量也逐渐增加，木筏与独木舟的"短板"暴露出来。

　　为了适应社会的发展，人们将木筏与独木舟逐渐改良成木板船。木板船航行的距离更远，装载的货物更多。木板船的出现在我国造船史上是一次划时代的飞跃。

木板船构造图

　　到了东汉时期，帆成为木板船的常用加速工具。这一时期，人们生产出木帆船，但最初的帆不能转动，只能在顺风时给予船只动力。东汉后期，我国南方陆续出现帆可以转动的单桅单帆船、单桅多帆船、双桅多帆船。经过长期发展，船的风帆有了很大改进，被简化成一桅一帆，而大一些的船只则使用三桅三帆。这种风帆可以根据风向随时调节受力方向。

木帆船

隋朝至唐宋时期,造船业逐渐发展成熟。这个时期,人们将之前的造船技术进行改进和完善,发明了许多先进的造船技术。

造船业是隋代手工业中发展迅速的行业。这与当时的时代背景有很大的关系。隋朝统一过程中发动了多场战争,船只在这一系列战争中起到了重要作用,因此造船业得到迅速发展。

官府大规模造船活动成为推动隋代造船业发展的主要动力。这是隋代造船业发展的最大特点。在隋代短短不到40年的历史中,官府组织了多次造船活动,规模之大在我国造船史上十分罕见。隋代最豪华的龙舟体积庞大,高四丈(隋代时,一丈约合今3米),长二十丈,共有四层。上层是正殿、内殿和东西朝堂,中间两层共有120个房间。龙舟采用榫接方式和铁钉钉联,比木钉、竹钉联结更牢固。

隋代某一种龙舟模型图

唐代是我国中古社会的繁盛时期,社会生产力迅速发展,船只成为常见的交通工具。《旧唐书·崔融传》记载:"天下诸津,舟航所聚,旁通巴汉,前指闽越,七泽十薮,三江五湖,控引河洛,兼包淮海。弘舸巨舰,千舳万艘,交贸往还,昧旦永日。"

唐代前期最大的造船活动是唐太宗为渡海征讨高丽而进行的造船活动。唐太宗在江南道、淮南道所造船只皆是海船。河南道的山东半岛自隋代以来便是跨海征辽的出海口,所造船只以海船为主。虽然剑南道偏处西南,远离大海,但是唐代初期朝廷在此制造了大量海船,利用长江水道将所造船只运往莱州。

安史之乱后,大唐帝国由盛转衰,但是造船业并没有衰落;相反,由于水运交通的完善、漕运的需要、商业的发展、中外频繁的交往以及唐末的藩镇割据,舟船的使用获得了更大的空间,造船业相比唐代前期发展得更加迅速。

隋唐时期,舟船的类型已经形成比较完善的体系。根据用途,船只分为战船、漕船、游船、商船、客船、货船等。

唐人李筌在兵书《太白阴经》中将战船列为 6 种:楼船、艨艟、斗舰、走舸、游艇、海鹘。

楼船示意图

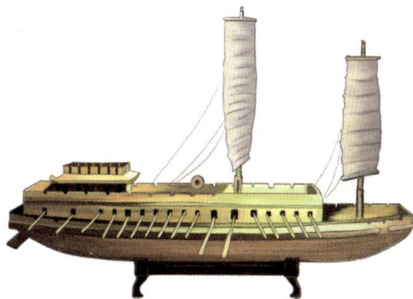

斗舰示意图

漕船是用来运输漕粮的船只。游船最大的特点是制造精美,因此其制造费用较高,其中最有代表性的是龙舟。《唐国史补》中有"凡东南郡邑无不通水,故天下货利,舟楫居多"的记载,可见唐代商船众多。唐代客船形制多样,不同地区的客船形制也不一样。货船是专门从事货物运输的船只。

宋代完成了经济重心的南移,南方经济和海上贸易空前繁荣,推动了造船业的发展,船舶种类和数量显著增加。这一经济格局的变革也使得国家漕运、商业流通、海上贸易和百姓生计对船舶的依赖空前增强。

我国造船业发展水平于宋代达到历史高峰,并在当时处于世界领先地位,一个重要原因就是商业贸易的推动。宋代海上贸易几乎全为民间经营,海船制造主要靠商业力量推动,甚至南宋海上战船的主要来源就是征调民船。宋代海上贸易已经形成了船主雇佣纲首、船主自己经营、中小商人合伙经营等多种形式,船上人员也有严密的组织分工。在宋代,从官府到民间都建立了成熟的海上贸易运行机制和利益机制,大大推动了民间造船的热情。

从《清明上河图》中的码头船只可以看出宋朝海上贸易的繁忙。

明代的造船水平在中国古代造船史上当属顶峰。明代造船工厂遍布全国滨江沿海,尤以直隶、福建、湖广、浙江等地最为发达。这些造船工厂除民办的以外,还有官办的。

洪武二十六年(1393),明朝廷规定:"如或新造海运船只,须要量度产木、水便地方差人打造。"根据这个规定,一大批官办船厂相继出现,其中较有影响力的有南京的龙江船厂、苏北的清江船厂、山东的清河船厂、福建的台南船厂和东北的吉林船厂。

这些船厂规模较大,组织严密,工种齐全。例如:龙江船厂隶属工部都水司,占地8100亩(1亩约为667平方米)。船厂设工部分司,掌管督察;设提举司,负责造船业务;设指挥厅,指挥生产。该船厂按专业性质分为四厢:一厢制造木梭橹;二厢制造船木、铁件及缆;三厢修补旧船;四厢制造棕篷等物。

生产组织的合理和分工的严密促进了生产力的提高。明代初期,各船厂的造船能力是惊人的。仅据《明成祖实录》所作的不完全统计,永乐元年至十七年(1403—1419),各船厂就造了2735艘海船。

明代造船除数量多外,还有两个显著特点:一是船体增大,二是船型名目繁多。明代船舶最大者要数郑和下西洋时乘坐的大型宝船。据相关学者推算，郑和大宝船的载重量约为 2500 吨，排水量约为 3100 吨。

随郑和下西洋的巩珍在其著作《西洋番国志》中这样评价宝船："体势巍然，巨无与敌，篷帆锚舵，非二三百人莫能举动。"这样的巨舶不仅"盖古所未有"，而且在造船技术方面达到了 19 世纪以前世界木帆船的顶峰。因此，英国著名科学家李约瑟指出："在造船方面，中国曾远远走在欧洲的前面。"

郑和大宝船模型

明代船舶种类繁多。根据宋应星的著作《天工开物》中的分类，明代船舶以形定名的有"海鳅""江鳊""蜈蚣"等；以量定名的有"一千料船"（"料"是古代船舶大小的计量单位）、"万石船"和"四百料战座船"等；以质定名的有楠木船、杉木船等。《明史·职官志》则按用途把船舶分为江海转运的漕船、江河交通的杂用船和海防备倭的江海兵船等 3 类。

明代的海船基本上分为 3 类，即广船型、福船型和沙船型。

广船模型

　　广船因是广东所造而得名。广船艏尖体长,吃水较深;梁拱小,甲脊弧不高,有较好的耐波性;破浪性能好,利于深水航行。结构上,广船横向以紧密的肋骨与隔舱板构成,纵向强度依靠龙骨和大肋维持。广船造船材料为荔枝木、樟木和铁力木。这些材料虽然坚固耐用,但来源少,使得广船造价较高,有碍于其发展。广船侧前方装有能垂直升降、伸出船底之下的中插板,起减轻摇晃和稳定航向的作用。舵板上开有成排的菱形小孔,使操舵省力,又不影响舵效。大型广船的中桅和前桅均向前倾,上悬布质硬帆,篷杆较粗且排列稀疏;中、小型广船备有橹、桨。百年古帆船"金华兴"号是我国迄今为止发现的年代最久、造型最大、保存最完整的木质帆船和典型的广式帆船,也是国内海岸线上仅存的一艘古帆船。

"金华兴"号

福船是福建、浙江沿海尖底船的统称，也叫"大福船"。福船有4层，最下层装压舱石，第三层放置淡水柜，第二层住人。福船底尖上阔，艏尖艉宽两头翘，尾封结构呈马蹄形，两舷边向外拱，有宽平的甲板，舷侧用对开原木厚板加固。造船用材主要为松木、杉木、樟木、楠木等。有些福船艏或艉有活水舱，舱在满载水线附近有孔。当艏或艉在浪中下降时，水通过孔流入活水舱；上升时，水又缓缓流出。这样的设计能使船上升速度降低，达到减小纵摇的目的。福船的破浪性能好，宜于海上深水航行。

福船还派生出一些船型，如哨船（草撇船）、海沧船、鸟船、开浪船等。鸟船中有一种小型的船称为"快船"。海沧船中最小的船叫"苍山船"。

福船模型

有人将鸟船看作一种独立的船型，与福船、广船、沙船并列，从而将海船分成4类。

沙船是起源于上海崇明岛的一种平底海船。沙船的特点是：底平，方头方艄，利于行沙，少搁无碍；吃水浅，受潮水影响小；船宽稳性大，有披水板、梗水木和太平篮等减摇设备；多桅多帆，快速性好。沙船船底平，不能破大浪，因此其主要航区是北方海域。

沙船模型

明代还有一种专供使臣出使外国乘坐的官船，称为"封舟"。封舟长 15~20 丈（明代时，1 丈约合 3.1 米），宽 3~6 丈。封舟有 23~28 个密闭的舱室，舱外有 4 尺高的遮浪板。封舟船体钉捻后用数十根铁条从底龙骨沿舷板箍到两沿。封舟上有桅 3~5 根、橹 36 支、铁力木舵 1 具、备用舵 2~3 具、锚 4 具。

明代已经开始使用船坞造船修船，比欧洲早约 500 年。随着造船工艺的不断改进，明代船舶最终形成的船型对我国造船技术的发展做出了独特的贡献，在我国渔业发展史上发挥了不可磨灭的作用。直到近现代，我国的很多渔船仍是木质的且靠风帆提供动力。

钢质化、机械化道路

　　渔业的近代化就是工业革命成果应用于渔业生产,其标志是 1882 年英国发明轮船拖网技术。鸦片战争打开了我国的海上门户。一些帝国主义国家在我国海域为所欲为,不仅大肆掠夺渔业资源,还驱赶我国渔民,向我国渔船发放该国旗帜,甚至明目张胆地收取关税,进行经济掠夺。它们还在我国所属岛屿大肆圈地,通过建筑围墙等方式禁止我国渔民通行。

　　中日甲午战争之前,我国未脱"兴渔盐之利,通舟楫之便"的传统海洋观,同世界其他海洋大国在渔业生产上差距较大。中日甲午战争尤其是日俄战争爆发后,残酷的渔业现实让我国部分知识分子转变了传统海洋观。其中,我国近代实业家、教育家张謇在 1904 年以后积极提倡"当自行我领海主权""定渔界以伸海权"的制海权策略。他认为:"海权界以领海界为限,领海界以向来渔业所至为限。""海权、渔界相为表里,海权在国,渔界在民。不明渔界不足定海权,不伸海权不足保渔界。""渔业盛则渔界益明,渔民附则海权益固。"可见,张謇"视渔业为关系海权最大之事"。因此,他于

张謇

1904 年从德国引进了我国第一艘现代渔轮"福海"号,带领渔民远离受洋人欺凌的境地。可以说,张謇引进"福海"号拉开了我国渔船向钢质化探索的序幕。

　　"福海"号以蒸汽为动力,用绞车在甲板上收放拖网,功率为 500 马力(1 马力约合735 瓦)。它不仅可以捕鱼,还配有快炮、后膛枪、快刀等武器,负责巡海和救护渔船。

　　渔民在海上作业,无论遇到浓雾、盗贼,还是受到洋人欺压,只要听到"突突"的鸣笛声,就知道"福海"号来了,便可放心捕鱼。时至今日,关于张謇和"福海"号的故事依然在沿海一带流传。

　　"福海"号开启了我国动力化渔船的新篇章。民国时期,各地渔业公司如雨后春笋般出现,竞相发展渔轮捕捞业:浙海渔业公司有"富浙""裕新"两艘渔轮;江苏省海州

渔业技术传习所新造一艘渔轮"海鹰"号；海利渔业公司购入英国渔轮"海利"号……

值得一提的是：为了弘扬张謇先生"母实业、父教育"的实干兴邦理念，并期许我国早日成为世界海洋强国，上海海洋大学深渊科学技术研究中心将联合多家民营企业研制的中国万米级载人深渊器"彩虹鱼"号科考母船命名为"张謇"号。

"张謇"号

除渔轮拖网渔业之外，民国时又发展出汽船手操网渔业，并因"资本小而获利颇丰"广受欢迎。汽船比渔轮吨位小，多为木壳，偶有钢壳者，以石油发动机为动力，作业时两船并行，共拖一网。当此之时，传统渔业发生了巨大变革，渔船发展翻开了新的一页。

抗战前夕是我国海洋机轮渔业发展的鼎盛时期。1935年，我国机轮渔船约有500艘，但是旧式风帆船依然占全国渔船的主体，达到10万多艘。

1949年10月1日，中华人民共和国的诞生揭开了渔业发展的新篇章。

1957年，浙江省海洋水产研究所和舟山船厂发明制造了机械传动立式绞纲机，开启了我国渔船机械化进程，使我国渔船从"手工时代"迈进"机械化时代"。机械化捕捞工具的大量使用不但减轻了渔民的劳动强度，还提高了生产力水平。

1959年3月，中共舟山地委组织召开渔业春夏汛准备工作会议。会议提出：抓紧时机，集中力量，做好北上吕泗洋生产的准备。会议要求所有的大洋船、大捕船、机帆船参与生产。

1959 年 4 月 8 日，舟山捕捞船队的 1000 多个生产单位、3 万多渔民与江苏、辽宁、福建、上海等地捕捞船队的共计 5226 条渔船、5 万多渔民向吕泗洋进发。4 月 9 日，捕鱼生产活动开始。船队一网下去，小黄鱼捕获量巨大。丰收让渔民欣喜若狂。4 月 10 日，上海气象台发出了吕泗洋东南风 5~6 级、阵风 7 级的气象预报。然而，各地渔船仍然选择彻夜作业。

4 月 11 日凌晨，一个东海气旋暴发，横扫吕泗洋海域，造成持续 6 小时的 10 级大风，并伴随着大暴雨，在海上掀起滔天巨浪。吕泗洋多浅滩，无避风港。在狂风巨浪中，机帆船艰难行驶至安全区域避风；大部分木帆船则根本无法回到安全区域避风，只能随风漂流，被一个接一个的巨浪推向海滩。木帆船上的渔民极度恐慌，只能采取斩网、斩锚、砍桅等应急措施，甚至将渔获物和生产资料抛入海中来减轻船只负荷，以期能尽快进入安全区域。

但是，一切为时已晚。滔天巨浪疯狂肆虐，击打着在大海中苦苦挣扎的木帆船。随着时间的流逝，一条条渔船被无情撕裂，一个个渔民被海水无情吞噬。很快，吕泗洋海面上一片狼藉，造成了震惊中外的"吕泗洋海难"。虽然国家组织了大规模的救援活动，但是这次海难依然造成了巨大的经济损失，仅舟山捕捞船队就有 230 艘渔船沉没，1178 名渔民遇难。

在整个吕泗洋海难事件中，舟山捕捞船队的上百艘机帆船无一沉没。血的教训让渔民感受到渔船机械化的重要性，认识到要摆脱"三寸板内是娘房，三寸板外见阎王"的现状，就必须提升科技水平。这提高了渔民发展机帆船的积极性，全国上下力促渔船机械化。

随着社会的不断进步，工业新材料逐渐取代了传统的造船材料。钢铁冶炼技术和玻璃钢技术在船舶行业的应用推动了我国渔船向钢质化、机械化深入发展。

1959 年，上海国营渔业公司在中华造船厂建成我国第一艘自行设计的拖网渔船，开创了新中国发展钢质渔船的先例；1985 年，中国水产科学研究院和上海玻璃钢研究所联合研制了我国第一艘全玻璃钢的流钓冷冻渔船；到 2010 年，钢质渔船在海洋渔船中占 12%，玻璃钢渔船占 7%。我国渔船从"木质时代"向"钢质时代"迈进。

到 1984 年，我国海洋机动渔船有 11.2 万艘，数量首次超过海洋非机动渔船，在海洋渔船中的占比达到 52.4%。经过多年发展，我国渔船从"舟筏风帆时代"进入"柴油机时代"。

信息化更迭

海上航行不同于陆地行进。茫茫大海中几乎没有任何固体参照物，因此人们以前很容易在海洋中迷失方向。

最开始，海上航行主要依靠已知礁石、北极星等物体定位。人们也可以通过太阳、月亮等天体在空中的位置进行定位。后来，我国古代劳动人民依靠对磁石磁性的认识发明了指南针，弥补了天文导航的不足。指南针经阿拉伯传入欧洲，对欧洲的航海业乃至整个人类社会的文明进程产生了重要影响。

我国古代的一种罗盘

20世纪20年代，美国的无线电爱好者利用接收到的无线电波来寻找发信电台，开始了业余无线电测向活动。无线电测向仪通过岸上两个以上全方向发射的无线电指向标台或无线广播电台的来波方向确定船位，可用于测定发射无线电波的目标所在的方位。受当时设备的体积和重量等客观因素的限制，无线电测向仪仅用于航海。无线电测向仪的发明和应用使人类真正获得了海上安全航行的自由。1962年，上海首次试制成功的红旗1型无线电测向仪在渔船上得到使用，标志着我国渔船信息化的开端。

1968年，我国渔船开始批量装备罗兰A双曲线时差定位仪。20世纪80年代后期，我国渔船上的这种定位仪为GPS（Global Positioning System，即全球定位系统）导航仪所取代。GPS导航仪的工作原理如下：GPS导航系统由空间部分、控制部分和用户部分组成。空间部分由太空中的 24 颗 GPS 卫星组成一个分布网络,这 24 颗 GPS 卫星平均分布在 6 条离地面 2 万千米、倾斜角为 55° 的地球准同步轨道上,每条轨道上有 4 颗 GPS 卫星。GPS 卫星每隔 12 小时绕地球 1 周,使地球上任一地点能够同时接收 7~9 颗卫星的信号。控制部分由 1 个主控站、5 个监控站和 3 个注入站构成,负责对卫星进行监视、遥测、跟踪和控制。其中,监控站负责对每颗卫星进行观测,并向主控站提供观测数据。主控站收到数据后,计算出每颗卫星在每一时刻的精确位置,并将位置信息通过 3 个注入站传送给 GPS 卫星。GPS 卫星将这些信息通过无线电波向地面发射至用户接收端设备。用户接收端设备则通过复杂的函数公式计算出自己的位置。

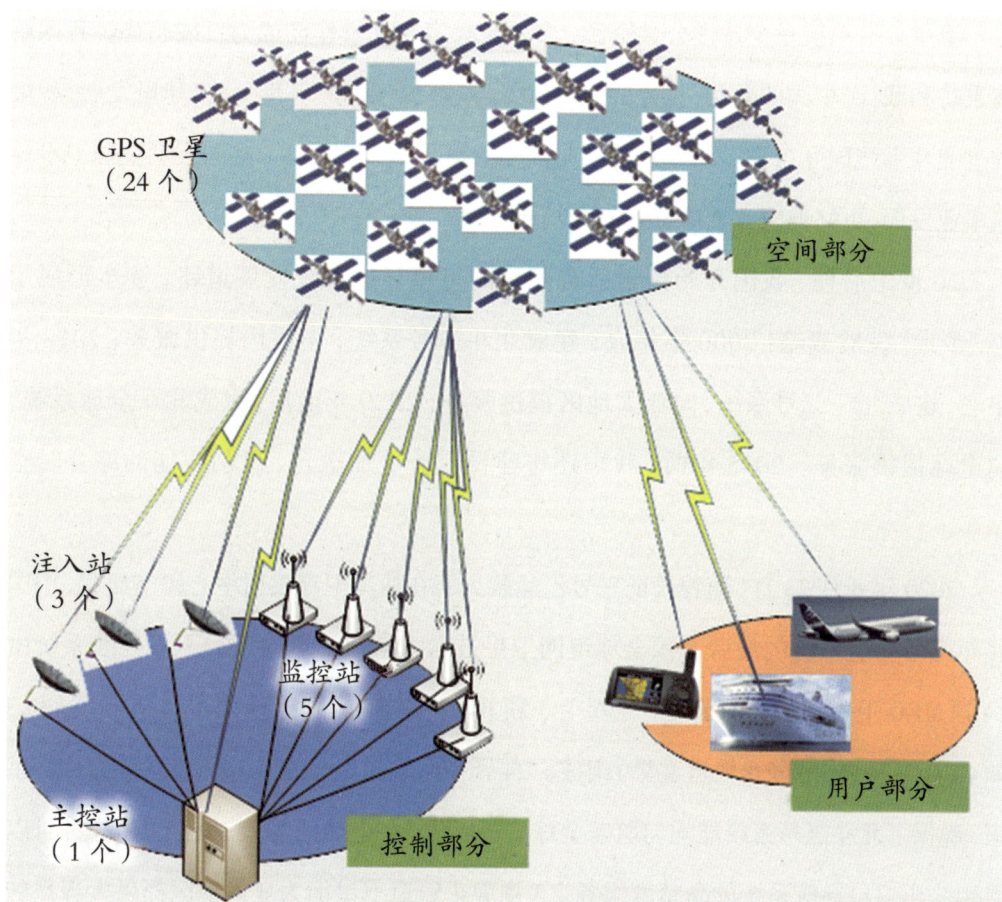

GPS 导航仪原理图

进入 21 世纪,我国渔船普遍装备了北斗通信导航设备、GMDSS(全球海上遇险与安全系统)设备、AIS(渔船防碰撞系统)设备等。

北斗卫星导航系统（以下简称"北斗系统"）是我国着眼于国家安全和经济社会发展需要，自主建设、独立运行的卫星导航系统，是为全球用户提供全天候、全天时、高精度的定位、导航和授时服务的国家重要空间基础设施。

随着北斗系统建设和服务能力的发展，相关产品已广泛应用于海洋渔业、交通运输、水文监测、气象预报、测绘地理信息、森林防火、通信时统、电力调度、救灾减灾、应急搜救等领域，逐步渗透到人类社会生产和人们生活的方方面面，为全球经济和社会发展注入新的活力。

卫星导航系统是全球性公共资源，多系统兼容与互操作已成为发展趋势。我国始终秉持和践行"中国的北斗，世界的北斗"的发展理念，服务"一带一路"建设发展，积极推进北斗系统国际合作。北斗系统将与其他卫星导航系统携手，共同推动全球卫星导航事业发展，更好地服务全球、造福人类。

20世纪后期，我国开始探索适合国情的卫星导航系统发展道路，逐步形成了"三步走"发展战略：2000年年底，建成北斗一号系统，向我国提供服务；2012年年底，建成北斗二号系统，向亚太地区提供服务；2020年前后，建成北斗全球系统，向全球提供服务。2035年前，我国还将建设完善更加融合、更加智能的综合时空体系。

2020年6月23日，随着长征三号乙运载火箭在西昌卫星发射中心腾空而起，中国北斗三号导航系统的最后一颗全球组网卫星被送入轨道。北斗三号卫星导航系统由24颗MEO卫星（地球中圆轨道卫星）、3颗IGSO卫星（倾斜地球同步轨道卫星）和3颗GEO卫星（地球静止轨道卫星）组成。24颗中圆轨道卫星是北斗三号系统的核心星座，确保了北斗三号系统能均匀覆盖全球。可以说，在全球任何一个地方，用户都可以得到北斗卫星导航系统的高精度服务。3颗静止轨道卫星能为亚太地区提供大容量的短报文通信、星基增强、精密单点定位等特色服务。这次发射标志着我国耗时20多年构建的具有自主知识产权的全球卫星导航系统宣告建成。

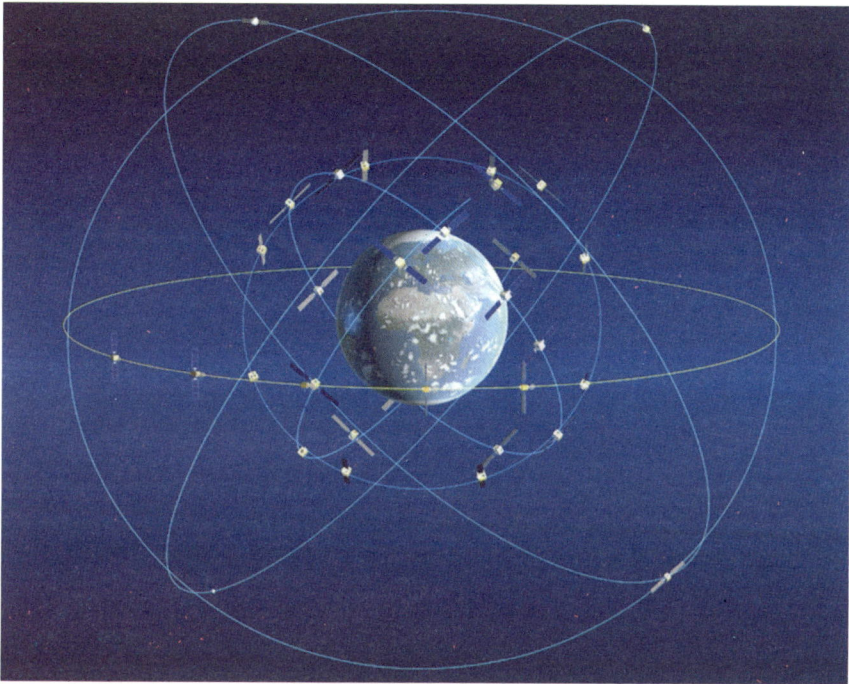

北斗卫星导航系统模式图

北斗卫星导航系统由空间段、地面段和用户段三部分组成，可在全球范围内全天候、全天时为各类用户提供高精度、高可靠的定位、导航、授时服务，并且具备短报文通信能力，已经初步具备区域导航、定位和授时能力。截至2020年7月，全球范围内已经有137个国家与北斗卫星导航系统签下了合作协议。随着全球组网的成功，北斗卫星导航系统未来的国际应用空间将会不断扩展。目前，北斗卫星导航系统的相关产品已广泛应用于交通运输、海洋渔业、水文监测、气象预报、测绘地理信息、森林防火、通信时统、电力调度、救灾减灾、应急搜救等领域，逐步渗透到人类社会生产和人们生活的方方面面，为全球经济和社会发展注入新的活力。

北斗卫星导航系统标识

我国是渔业大国，从事海洋渔业的渔船与渔民众多。北斗卫星导航系统在我国渔业发展中正发挥着越来越重要的功能，如渔船出海导航、渔政监管、渔船出入港管理、海洋灾害预警、渔民短报文通信等，有力保障了渔民生命安全、国家海洋经济安全、海洋资源保护和海上主权维护。目前，在茫茫海域上，我国至少有 4 万艘渔船装有北斗接收机。海上其他通信手段价格昂贵，而北斗系统方便易用且价廉。依靠北斗系统，渔民可方便地向渔业管理部门报告位置、渔情等信息，以及和家人通信报平安。因此，北斗系统被渔民称为海上"保护神"。

某北斗卫星导航系统海洋渔业设备船载终端

先进导航装置在渔船上的应用使我国渔船成功地从沿岸走向近海，从近海走向外海，从外海走向大洋、走向极地，实现了渔业作业区域的三次历史性跨越。我国渔船已摆脱了使用千年的"牵星过洋术"，从"天象航海时代"进入"信息化航海时代"，使得我国渔民真正享有了安全的出海自由。

第三章　向海而生

　　我国考古学家在河姆渡遗址中发掘出独木舟、船桨等遗存以及大量河口生物与海洋生物的骨骸。这说明约 6000 年之前，我们的先人就善于和海洋打交道，已经开始向广阔的海洋索取生活物资，依靠鱼、虾、贝等海洋生物生存。

　　现在，人们向海洋索取生活物资的主要方式之一是海洋捕捞。海洋捕捞是指利用各种渔具、渔船及设备在海洋中捕捞天然水生动植物的活动。在海洋捕捞中，船舶发挥着举足轻重的作用。

　　我国有四大传统渔场：渤海湾渔场、舟山渔场、南海沿岸渔场和北部湾渔场。改革开放后，我国近海捕捞能力急剧增长：捕捞船舶逐渐从木帆船发展到机帆船和渔轮；作业范围先由沿岸扩展到近海，再由近海扩展到外海；作业方式由季节性作业转变为全年性作业。这些变化使我国近海渔业资源遭到过度开发，渔业资源消耗加剧，四大传统渔场面临无鱼可捕的困境。远洋渔业成为我国的一种选择。

近海捕捞

"天是湖，云是舟，撒下丝网垂金斗。天上走，云里游，画中人家笑声流。渔歌当香饵啊，鱼群追着走 ……"这首《渔歌》生动地描写了渔民安居乐业的幸福生活。

我国海洋水域辽阔，岸线蜿蜒绵延，岛屿星罗棋布，海洋生物资源品种繁多。

新中国成立前，我国渔业技术落后，设施工具破旧，渔民作业主要集中在鱼汛季节，绝大多数的近海渔业资源处于利用不足的状态。

约 100 年前的香洲渔港朝阳市场

新中国成立后，我国变革了旧的生产关系，改造了渔业技术，逐步实现了渔船动力化，并相应建立了渔业港口、基地和冷库等，使得生产力有了很大提高，近海捕捞业全面发展。

当时，我国按照先恢复后发展的方针指导海洋捕捞业的生产，积极建设国营捕捞企业。经过短期建设，我国渔业逐步恢复，捕捞业得到发展，国营捕捞企业在渔业生产中发挥了引领作用。国家大力扶持占生产主导地位的个体渔民的生产，发放大量渔业贷款和救济金，解决渔民修船补网、增添工具的需求和生活上的一些困难，并在沿海新建和扩建渔港、避风塘、航标灯塔以及气象站等设施，保障渔民生产安全。

随着国民经济建设计划的开始，海洋捕捞业面临尽快发展的要求。

1953 年 1 月，全国第三届水产工作会议召开，确定了"有重点地稳步提高海洋群众渔业生产,开展群众对敌斗争,保护渔场,发展水产业"的方针,部署了三大工作:抓好主要鱼汛生产工作、改进生产技术与生产工具、重视安全生产。该会议要求各沿海地区政府应领导水产、银行、盐务、合作社等单位,建立渔场指挥部,加强东北、华北、华东等海区中小黄鱼、带鱼、大黄鱼、墨鱼在鱼汛季节的生产。

小黄鱼

带 鱼

大黄鱼

墨 鱼

新中国成立初期,国家财政比较困难,对海洋捕捞业投入有限。各单位立足基础,挖掘海洋捕捞业的潜力,优化作业方式,开展技术革新与技术革命,有步骤地发展新的技术装备,使工具由小型向大型转变,由完全手工操作向半机械化、机械化转变。

第一个五年计划期间,我国由于加强了海洋捕捞的组织领导,渔业技术、装备有了很大进步,带动了渔业资源的开发利用,海洋渔业生产力的发展与渔业资源的潜力大体相适应,海洋捕捞总产量和单位产量不断提高。

1958 年,"大跃进"运动严重挫伤了渔民的生产积极性,渔民生产情绪低落,海洋捕捞产量连年下降。1962 年 12 月,当时的水产部召开全国水产工作会议,贯彻"调整、充实、巩固、提高"八字方针,对海洋捕捞业进行调整。除解决社队体制规模、所有制、积累与分配等政策问题外,会议决定大力支援集体渔业经济,恢复和发展生产,加强资源繁殖保护,合理组织捕捞生产,开展"农业学大寨""工业学大庆"运动。

正当我国渔业生产处于恢复发展之际,1966 年,全国掀起"文化大革命"运动,给海洋捕捞生产带来又一次打击。直到 20 世纪 70 年代,沿海各地机动渔船发展速度才进一步加快。

1971年，辽宁省獐子岛20马力底拖网作业经验被全面推广。机帆船底拖网作业在全国迅速发展，多数传统的有助于水产资源合理利用和繁殖保护的流、钓作业被淘汰，渔场作业由季节性生产变为常年追捕。渔民大量捕捞产卵和越冬鱼群，盲目发展定置作业，滥捕幼鱼。

底拖网作业示意图

真实环境下的底拖网捕鱼

1974年，全国海洋捕捞年产量约300万吨，但经济鱼类资源越捕越少，捕获的鱼越来越小，单位产量越来越低，经济效益下降。

1979年2月，当时的国家水产总局召开全国水产工作会议。会议贯彻落实党的十一届三中全会精神，根据"调整、改革、整顿、提高"的方针，强调按照自然规律和经济规律办事。海洋捕捞生产工作重点转移到坚决保护近海资源、加强资源管理、调整近海作业、发展外海和远洋渔业上。从此，近海捕捞业进入一个新的调整、发展时期。

为了解决捕捞作业与资源现状之间的失调问题，我国减少了对资源破坏较严重的作业。1979年起，中央财政每年拨出1500万元专项事业费，对资金确有困难的予以补助，恢复有利于资源保护的作业。沿海渔区在调整作业的基础上开展渔船技术改造，发展外海生产。调整出成效：1980年的海洋捕捞总产量比1978年下降10%，为281万吨，但是在产量结构上，拖网作业产量减少26%，围网作业产量增加58%，钓渔业产量增加1倍，流网作业产量增加2倍；在渔获质量

20世纪70年代嵊山渔场集结的渔船

上，幼鱼和低质小杂鱼数量减少，优质鱼产量增加，使得产值、商品率和渔民纯收入均有所提高。

　　1983年5月，当时的农牧渔业部召开全国海洋渔业工作会议，研究如何开创海洋渔业新局面。会议确定了"近海资源严格保护、合理利用，积极增殖资源，发展外海生产和开拓远洋渔业"的总原则。我国海洋捕捞业逐步走上正常发展轨道。

鱼汛旺季的大连湾渔港

远洋获渔

20世纪80年代，改革开放的春风吹遍神州大地。"走出去"的开拓者和先行者之一便是我国远洋渔业从业者。

1985年3月，由中国水产总公司的13艘渔船、223名船员组成的远洋渔业船队从福建马尾港起航，开赴大西洋西非海域渔场进行作业。

如今看来，这支远洋船队相比现在庞大的远洋船队或许微不足道，但揭开了中国远洋渔业的光辉一页。同年，上海、大连、烟台的渔业企业先后派出船只赴白令海峡公海海域进行捕捞作业，成为我国远洋渔业公海捕捞开始的标志。我国远洋渔业事业全面开启。

我国福建有近400条渔船的某远洋捕捞船队

远洋渔业是指远离本国渔港或渔业基地，在别国沿岸海域或深海从事捕捞活动的水产生产事业，作业范围一般在他国200海里专属经济区的管辖海域或公海海域。

一般来说，远洋捕捞是指由机械化、自动化程度较高，助渔、导航仪器设备先进、完善，续航能力较长的大型加工母船（具有冷冻、冷藏、水产品加工、综合利用等设备）和若干捕捞子船、加油船、运输船组成船队，到公海开展捕捞作业。目前，全球有30余个国家（或地区）从事远洋渔业生产，但年产量超过10万吨的仅有中国、日本、韩国、美国和俄罗斯等10余个国家（或地区）。

远洋渔业种类多样：按使用的渔具分类，包括远洋钓渔业、远洋拖网渔业、远洋围网渔业、远洋刺网渔业等；按捕捞对象分类，包括远洋金枪鱼渔业、远洋磷虾渔业、远洋鱿鱼渔业、远洋鳕鱼渔业等；按组织情况分类，包括单船远洋渔业和母船式远洋渔业（即组成船队的远洋渔业），以及利用外国渔业基地作为根据地的远洋渔业等。

金枪鱼延绳钓示意图

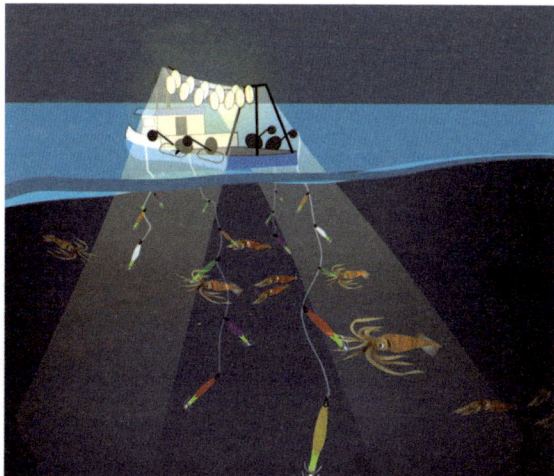

灯光鱿鱼钓示意图

一个国家的远洋渔业发展程度可以反映本国的经济实力、工业化程度和海洋科学技术水平。我国远洋渔业经历了空白期（1949—1971）、积极筹备期（1972—1984）、起步期（1985—1990）、快速发展期（1991—1997）、调整期（1998—2006）和优化期（2007年至今）6个阶段。

在空白期，因为我国近海渔业资源较为丰富，并且开发利用沿岸及近海渔业资源对资金、设备、技术及人员要求都较低，所以海洋渔业生产集中在沿岸以及近海，基本未涉及远洋。

1972年，我国海产品总产量达291.4万吨，捕捞和养殖比例为18.4∶1，近海捕捞产量占总产量的90%以上。我国海洋渔业面临"近海渔业过度开发，海外开发严重不足"的问题。与此同时，世界远洋渔业发展突飞猛进，产量占世界渔业总产量的1/4。在此背景下，当时的农业部向国务院报告：为保护和合理利用我国近海渔业资源，提升水产品质量，海洋渔业必须尽快向外海谋求发展。从此，我国远洋渔业发展进入国家政策层面。

我国远洋渔业进入起步期的标志是1985年3月我国第一支远洋渔业船队赴西非

海域从事远洋捕捞作业。这一时期,我国远洋渔业以过洋性渔业为主,捕捞方式以拖网作业为主,主要作业海域为太平洋、西非海域、西南大西洋等。我国在渔业交流合作领域取得较大发展,与 21 个国家(或地区)建立了合作关系。

在快速发展期,我国远洋渔业产量从 1991 年的 32.35 万吨增长至 1997 年的 103.7 万吨。金枪鱼钓、鱿鱼钓等项目得到长足发展,作业海域延展至日本海、中西部太平洋、印度洋及南太平洋等。在此时期,我国加入养护大西洋金枪鱼国际委员会、印度洋金枪鱼委员会等国际渔业组织,国际合作不断深化,与美国、俄罗斯、日本、韩国等积极磋商相关捕捞项目,与毛里塔尼亚、摩洛哥等国的渔业合作显著增强。

我国某远洋捕捞船通过机钓手钓一夜共获鱿鱼约 **1.68** 吨。

1998—2006 年,全球渔业资源逐年减少,我国远洋渔业的发展进入调整期。这一时期,我国远洋渔业开始由粗放型增长向集约型增长转型,产业结构发生重大调整,大洋性渔业比重不断增加。至 2006 年,我国大洋性渔业与过洋性渔业的产量已大致相当,一改之前过于依赖过洋性渔业的局面,作业海域涵盖大西洋公海、太平洋公海、印度洋公海及 33 个国家(或地区)的专属经济区。

2007 年以后,尤其是党的十八大以来,我国大洋性渔业与过洋性渔业得到均衡发展,远洋渔业进入优化期。在这一时期,国家政策扶持力度进一步加大,远洋渔业装备水平显著提升。2016 年,约 160 家企业获得农业部远洋渔业企业资格;2571 艘渔船获得远洋作业的批准(其中新建投产 88 艘),总主机功率约为 240 万千瓦,总吨位约为 140 万吨。我国远洋渔船作业海域遍布 42 个国家(或地区)的专属经济区及印度洋公海、大西洋公海、太平洋公海和南极海域。我国远洋渔业管理制度日益完善,开始从远洋渔业大国阔步迈向远洋渔业强国。

按国家"863"计划要求,具备环球捕捞能力的大型单拖捕捞加工船"安兴海"轮首赴南极海域执行磷虾探捕任务。

船儿下远洋

1982 年，中国海洋渔业总公司被批准恢复。1983 年，国家有关领导人指出：我国要开辟海外渔场，远洋渔业在近期内要有所突破，国家对此要给予支持。

1984 年 11 月，我国开始筹备组建第一艘远洋船队。1985 年年初，中共中央和国务院发出《关于放宽政策、加速发展水产业的指示》，明确提出："要积极开发外海、远洋的渔业资源，采取优惠政策和切实措施，组织有条件的渔船向外海发展远洋渔业。"

1985 年 3 月 11 日，由"海丰 824"冷藏运输船以及"烟渔 619""烟渔 620""烟渔 621""烟渔 622""远渔 1 号""远渔 2 号""舟渔 629""舟渔 630""舟渔 633""舟渔 634""闽非 1 号""闽非 2 号"等拖网渔船组成的中国第一支远洋渔业船队在马尾港集合完毕。当天上午 10 时整，时任中国水产总公司总经理张延喜高声宣布："中国第一支远洋渔业船队现在起航。"

"远渔 2 号"拖网渔船

马尾港战鼓咚咚、汽笛长鸣，13 艘飘扬着五星红旗的船舶拔锚起航，缓缓离岸，向着西非大陆的拉斯帕尔马斯港出发……

张延喜目送即将开创我国远洋渔业新篇章的 13 艘船舶逐渐消失在茫茫大海中，心里非常忐忑。这 13 艘船舶的船长、大副、二副、三副和轮机长、大管轮、二管轮、三管轮以及其他船员虽然是千挑万选出来的，但是之前都只限于在"家门口"打鱼摸虾，远洋经验为零。这次出征他们能否"过关斩将"、顺利抵达？对此，张延喜心中始终悬着一块大石头。

船队沿着当年郑和下西洋的路线，在"海丰 824"的带领下，经台湾海峡进入南海。在"海丰 824"船长高守延和特邀万吨远洋货轮的一级船长钟长发的密切配合下，船队有条不紊地在中南半岛和加里曼丹岛之间航行。1985 年 3 月 19 日，船队顺利到达新加坡东锚地，进行短暂的休整补给后，准备向马六甲海峡进发。

1985 年 3 月 22 日，船队起锚准备进入太平洋与印度洋之间的咽喉要道——马六甲海峡。这里地形复杂，海流湍急，天气恶劣多变。船队进入马六甲海峡之后，正好赶

上阵雨。当时,电闪雷鸣,风狂雨骤,海上涌起了惊涛巨浪。此时,所有人员各司其职,紧密配合,仔细听着钟长发船长下达的指令:

"注意,前方是一拓浅滩!"

"左舵五!"

"前进四!"

………

在钟长发船长的指挥下,其余 12 艘船只跟着"海丰 824"依次顺利通过危险区域,驶出马六甲海峡进入印度洋。

进入印度洋后,部分船员生病、"舟渔 630"离合器损坏 …… 一系列紧急情况考验着船队。他们用勇敢和智慧将问题和困难一一化解。

1985 年 4 月 29 日,中国船队抵达西非海域,将飘扬着五星红旗的 12 艘渔船和 1 艘冷藏运输船停靠在拉斯帕尔马斯港,开启了我国远洋捕捞的篇章。

拉斯帕尔马斯港

大西洋上第一网

到达拉斯帕尔马斯港后,经过短暂休整,中国远洋渔业船队汽笛长鸣,拔锚起航。12 艘渔船在冷藏运输船"海丰 824"的带领下,沿着非洲西岸向南挺进。根据我国与几内亚比绍、塞内加尔和塞拉利昂签订的渔业合作协议,这些渔船将兵分三路,分别在三国海域进行捕捞作业,建立生产基地。其中,"舟渔 629""舟渔 630""舟渔 633""舟渔 634"按照预定部署向塞内加尔达喀尔港驶去;"闽非 1 号""闽非 2 号"南航塞拉利昂;"海丰 824""烟渔 619""烟渔 620""烟渔 621""烟渔 622""远渔 1 号"和"远渔 2 号"的目的地则是几内亚比绍。

几内亚比绍的港口

1985 年 5 月 10 日,"海丰 824""烟渔 619""烟渔 620""烟渔 621""烟渔 622""远渔 1 号"和"远渔 2 号"按照原计划前行,在距离目的地几内亚比绍不远的冈比亚海域遇到许多正在进行捕捞作业的非洲船只。

这时,我国远洋船队工作人员突然眼前一亮:何不在此试捕一网?

红鲷鱼

蓝圆鲹

说试就试,"烟渔"系列 4 条渔船两两一组,"远渔"系列两条渔船各自为战,在广阔的大西洋上开始了我国的第一次远洋拖网。

很快,活蹦乱跳的鱼儿被拖出海面,有红鲷鱼、蓝圆鲹、赤鯮等,船员们备受鼓舞。梦想多年的"远渔"变成了现实。

"开创"远洋拖网

第一次远洋捕捞令国人尤其是渔民深感振奋，越来越多的远洋渔业公司涌现，并投入远洋渔业的生产浪潮中。然而，与西方国家的渔船相比，我国大部分渔船在性能上落后很多，严重阻碍了我国远洋渔业的发展进程。

1984 年，当时的国家计委、外经贸委下发了一份红头文件，批准上海、大连、烟台的 3 家渔业公司引进国外大型远洋拖网加工船。当时，联邦德国的远洋渔业船舶各方面都处于世界一流水平。

1985 年，经有关部门同意，时任上海海洋渔业公司经理钱锦昌带领 28 名船员前往联邦德国开启了购船之旅。钱锦昌一行人从上海到北京，再转机到法兰克福，最后到达目的地联邦德国北海渔业公司。在联邦德国北海渔业公司，他们参观了 7 条远洋渔船。当看到"开创"号时，所有人眼前一亮。这艘船虽然已经出厂多年，但依然乌黑铮亮。它是一艘排水量为 3200 吨、功率为 4800 马力、柴油机双机并联、一轴带 1600 千瓦发电机、安装了可变螺距螺旋桨的大型渔船。渔船上的生产车间及设备都处于当时世界先进水平。

"开创"号的捕捞设备相当齐全。船上配备有两台主网机，主网机功率为 243 千瓦，转速为 600~17000 转 / 分，单台起拖负荷为 460 吨。另外，船上还有两台副网机，负荷分别为 8 吨和 5 吨。主网机和副网机在原则上有不同的作用：主网机主要负责收放、拖曳钢丝以及起吊袋筒；副网机负责拖拉网纲网衣。拖网上配有网位仪。网位仪可通过电缆牵引的换能器向海底发射超声电脉冲。超声电脉冲发出后，海面设备接收电脉冲回波并通过电缆传送至接收机，接收机将获得的信息处理后即可显示出网的具体深度。当把网位仪安装于拖网的下纲时，工作

"开创"号

人员通过上纲和海面设备接收到的不同回波就可以看出网口在海中的状况，正确掌握网口的高低情况。捕捞船利用网位仪可以提高捕捞效率，捕获更多的渔获物。

"开创"号拥有独立的加工车间和独立的配电室。其中，加工车间配备有140台电机和由55根传送带组成的加工流水线。流水线上装有两台鱼类去头机、3台去头剖腹机、两台鱼类去骨切割鱼片机、1台大头鳕鱼片机、两台条鱼切片机、8台鱼类去皮机以及1台鱼糜机。流水线的运行由专门的程序控制，该程序可以对传送带实施正反转控制，同时具有连锁作用，可以保证加工过程的顺利进行。全船有6台制冷压缩机，都由冷库的冷冻配电屏集中控制，并且可以通过手动和自动两种方式启停。

"开创"号的驾驶室配备有电罗经和自动操舵仪，可以直接显示经纬度，为驾驶员提供了很大的便利。船上还配备有无线电话侦察仪。该侦察仪拥有16个电话频道，可以进行手动和自动搜索。由于当时船上还没有配备测向仪，船员只能通过无线电话侦察仪找到其他渔船，因此其是船员的得力助手。船上还设置有卫星通信船站，具有电话、电传、电报、遇险报警等4种功能。

经我方技术人员评估认定，这艘船至少价值800万美元，而北海渔业公司并没有"奇货可居"。经过多天的艰难谈判，上海海洋渔业公司最终以490万美元的价格将"开创"号购回。

1985年3月30日，我方与联邦德国有关人员在"开创"号上举行了交船仪式和换旗仪式。当国歌响起、五星红旗在"开创"号上徐徐升起时，中国的28名船员都流下了激动的眼泪。他们深知，几代人走出国门捕鱼的梦想将会得到更好的实现。

1985年3月31日，"开创"号开始了"回家"的旅程。在经过英吉利海峡时，船长周汝偊对船员们说："挂着五星红旗的中国渔船正第一次从英国的'门口'驶过！这一天值得铭记！"

1985年5月6日，"开创"号历经37天，约航行1万海里，最终停靠在上海打捞局外高桥码头。这一天，码头上聚集了很多人，他们等待着"开创"号的归来。翌日，报纸刊发消息告诉上海市民，在不久的将来，人们的餐桌上将会出现来自远洋的鳕鱼。

1985年6月到7月，"开创"号进行了试捕狭鳕鱼航次，先是在日本北

"开创"号捕捞狭鳕鱼。

海道北部公海试捕，因鱼少又南下到钏路外海进行捕捞。一趟下来，"开创"号试捕产

量约为 300 吨。虽然历经艰辛,但"开创"号上的船员们掌握了大型拖网渔船的航海、捕捞、鱼品粗加工等技术。"开创"号成为我国第一艘大洋试捕生产成功的远洋渔船。

1986 年 1 月初,"开创"号从上海出发,首航美国阿拉斯加白令海渔场及美国阿拉斯加海域,正式投入生产。1986 年 7 月,"开创"号返回上海。"开创"号历经约 200 天,航程 24000 余海

"开创"号起网。

里,共捕捞、收购 4500 多吨狭鳕鱼、鲽鱼;加工各种鱼片、鱼段、鱼卵、鱼粉、鱼肉 1700 多吨并远销海外;带回来的 500 多吨鳕鱼片、鱼粉等供应上海市场,受到广泛欢迎。

1986 年 10 月,"开创"号从上海出发,进行了第二个航次的北美捕捞生产作业,作业持续到 1987 年 6 月。"开创"号在该航次中共捕获海产品 2611 吨,收购海产品 7100 多吨,在海上加工鱼段、鱼卵、鱼粉等约 2400 吨,带回狭鳕鱼、黄盖鲽 600 多吨以及鱼粉 200 多吨,相比第一航次效益增长了 2 倍。

1992 年 1 月,在海上已经连续作业 321 天的"开创"号驶入吴淞港。按原计划,"开创"号将进行大修,船员上岸欢度春节。但是,此时"开创"号接到了新任务:前往鄂霍次克海进行捕鱼生产。

船上所有人员放弃休假,迅速各就各位,解缆起航。鄂霍次克海西濒西伯利亚,东临千岛群岛,南接日本海,北端是由切尔斯基山脉与堪察加半岛构成的一个封闭的三角形尖顶。在鄂霍次克海中,允许捕鱼的范围是位于其中间的一条南北长、东西狭的人

航行于结冰期的鄂霍次克海上的船只

称"小公海"的渔场。相关资料显示,鄂霍次克海大部分海面会在11月至次年6月结冰,海况复杂。因此,起航前船员们心里既充满期待,又隐含担忧。

"开创"号经东海、黄海再到日本海,一路风平浪静。很快,"开创"号驶入津轻海峡。此时,浮冰不时击打着船舷,人们站在甲板上颇觉冷气透骨。

船上大部分船员患了重感冒,带来的感冒药被一扫而空。这时,他们遇到了刚从鄂霍次克海返航的大连渔业公司的3艘"耕海"系列船。"耕海"号的船长告诉他们,鄂霍次克海气候寒冷,冰封厉害,无法生产。

是放弃生产跟随"耕海"号返航,还是义无反顾地前去作业?这个问题在"开创"号船长脑子里过了一下,便被他毫不犹豫地敲定了答案:一往无前,定能成功。他坚信一定可以找到破冰生产的方法。

信念坚定便可无往不胜。船员们毅然决然地驾驶"开创"号进入了鄂霍次克海。

在偌大的鄂霍次克海海域中,只有"开创"号一艘中国渔船航行。此时的"开创"号像极了逆风飞翔的海燕。经过几个昼夜的奋力前行,"开创"号抵达鄂霍次克海未被冰封的区域。

1992年2月18日,"开创"号在鄂霍次克海投下第一网,网获20吨鳕鱼。2月20日,"开创"号又接连投放3个网次,每网平均捕捞80吨鳕鱼。在航海日志中,"开创"号船长兴奋地写道:"我们中国人终于打破了冬天在鄂霍次克海不能捕鱼的'魔咒'。"

鳕鱼

经过一个多月的艰苦奋战,"开创"号收获累累:500多吨段鱼、60多吨原条鱼、50多吨鱼子、120多吨鱼粉。船员们高兴地唱着流传甚广的歌曲《洪湖水浪打浪》:"清早船儿去呀去撒网,晚上回来鱼满舱啊……渔民的光景一年更比一年强……"

1992年3月28日,"开创"号凯旋,停靠于上海码头。这一航次历时约50天,产值约为500万元。更重要的是,"开创"号作为探捕船,为我国后来的渔船开了冰海捕鱼的先河。

2005年,在北太平洋上叱咤风云、建功立业多年的"开创"号退役。它就像一个先驱,开拓了一个新领域,又将无限前程交给后来人,不负"开创"之名!

远洋渔船的紧急救援

2010 年 12 月，科特迪瓦局势日渐动荡。接到国务院有关协助撤侨的命令后，中国农业发展集团有限公司高度重视，立即组织召开紧急会议，进行全面动员部署，责成所属中国水产总公司全力配合我国有关部门的撤侨活动，并快速组建了以公司驻拉斯办主任助理为一线总指挥的撤侨指挥部。海丰运顺船队被确定为撤侨活动的救援团队。

为了应对突发情况，总指挥召集多方人员制订应急预案，并将预案上报我国驻科特迪瓦大使馆。大使馆对中国水产总公司迅速作出的反应给予肯定，并要求中国水产总公司根据大使馆的命令采取相应行动。

2011 年 3 月 31 日，中国水产总公司驻拉斯办接到我国驻科特迪瓦大使馆工作人员的紧急电话，内容大致如下：当地新任总统与前任总统两个阵营爆发了激烈的军事冲突，一时间街道枪声骤起，局势紧张，且航班全部停飞，整个国家局势非常危急。大使馆启动了紧急撤侨方案，要求中国水产总公司在最短的时间内派船前往阿比让港口协助撤侨。

中国水产总公司根据大使馆的指令和要求，向作业船只下达了无条件服从的指令，命令他们在第一时间前往阿比让港口外待命。

2011 年 3 月 31 日下午，"海丰 898""远渔 904"各自停止作业，紧急出航，以最快的速度赶往目的海域抛锚待命，而在外执行任务的"海丰 826"也以最快的速度前往。

2011 年 4 月 2 日早晨，3 艘船在目的海域集结完毕，等待撤侨命令。4 月 4 日，接到大使馆命令后，"海丰 826""远渔 904"起航靠近阿比让港口，"海丰 898"则在阿比让港口外 30 海里浮动接应。

2011 年 4 月 5 日，"海丰 826""远渔 904"到达指定位置。但是，此时一艘巡逻炮艇向我方船只靠近，我方人员立即将情况上报大使馆。大使馆指示：如果对方询问我方船只为何停靠在港外，我方则答复"受中国大使馆之命，前来给华侨提供庇护"。直到 4 月 20 日大使馆正式下达"科特迪瓦紧张局势已得到缓解，撤侨应急体系解除"的通知，奉命前来撤侨的船只才恢复正常作业。

在此次行动中，中国水产总公司先后调动 3 艘船只参与行动，历时 40 多天，直接参与撤侨的工作人员有 60 余人，发生直接成本 20 余万美元。另外，渔船停产以及运输船不能按照约定日期送货也造成了很大的经济损失。但是，在国家利益面前，他们"义无反顾伸援手，不畏艰难展风采"。

磷虾捕捞加工船

南极磷虾是一种生活在南极洲附近海域的磷虾，以集群方式生活，以微小的浮游生物为食物，主要生活在 50 米以浅的海域内。

南极磷虾具有典型的高蛋白、低脂肪的特点。其体内含有丰富的矿物质，且含量高于日本对虾、蛤蜊等多种海产品。南极磷虾的蛋白质水解产物中含有 18 种氨基酸，其中包含人体必需的 8 种氨基酸。南极磷虾体内的脂类以极性脂含量最高，甘油三酯次之。南极磷虾体内还含有多种活性物质，如蛋白消化酶、类菌胞素氨基酸等。

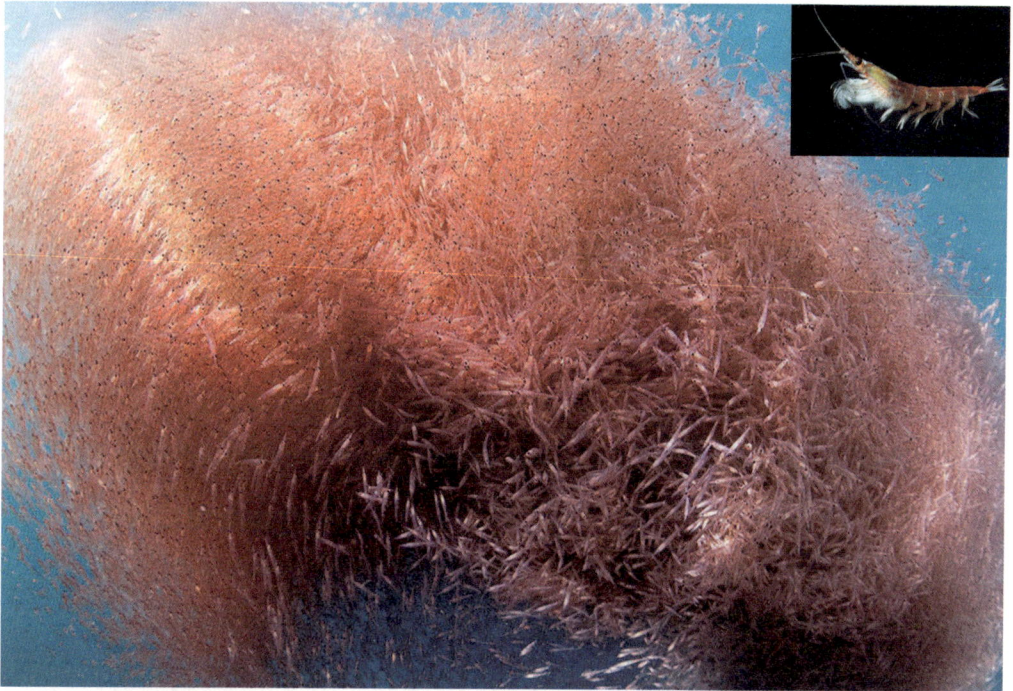

南极磷虾

磷虾甲壳中含有大量的甲壳素且易于提取。甲壳素具有多种医药功能，如强化免疫功能、抑制癌细胞活性、降低胆固醇、降血压及降血糖等。磷虾体内含有一定量的虾青素，虾青素具有抗氧化活性，可预防糖尿病、肾病，增强免疫力，促进生长繁殖。磷虾体内含有磷虾油，而南极磷虾油中含有 EPA（二十碳五烯酸）和 DHA（二十二碳六烯酸）。

由此可见，南极磷虾个头虽小，却浑身是宝，可用于制作食品、养殖饲料以及磷虾油等高附加值产品。南极磷虾含有优质蛋白质，其营养价值高于牛肉和对虾，是人们改善膳食结构的优质食品。研究表明,作为养殖饲料添加剂,南极磷虾具有优良的诱食性和提高养殖动物免疫力的功效。更可贵的是,南极磷虾因含有 EPA 和 DHA,具有显著的保健功效和医疗应用前景,价值远高于人们已普遍认知的深海鱼油,是打造高端海洋生物产业的优良原料。

在我国,南极磷虾产业被誉为"第二远洋渔业"。苏联早在 20 世纪 60 年代就率先对南极磷虾进行资源调查和试捕,并于 20 世纪 70 年代开始进行探捕和试验性生产,于 20 世纪 80 年代达到捕捞量最高峰。随后,日本、德国、波兰、新西兰、挪威、英国等国家相继开展了南极磷虾的资源调查研究和捕捞作业。我国的南极磷虾产业发展势头良好,我国将成为世界主要南极磷虾产业发展地之一。

国外的磷虾捕捞

开发利用南大洋丰富的海洋生物资源是我国远洋渔业界多年的愿望和梦想。2009年 9 月,农业部正式启动我国南极海洋生物资源开发利用项目。同年 12 月,受农业部委派,辽宁省大连海洋渔业集团"安兴海"轮和上海水产集团另一艘作业渔船历时 3 个多月,圆满完成我国首次南极磷虾探捕任务,实现了我国南极磷虾捕捞量零的突破,揭开了我国远洋捕捞发展的新篇章。

"安兴海"轮

"福荣海"轮是我国从日本购进的大型专业磷虾捕捞加工船,拥有世界一流的磷虾捕捞加工设备,是能够加工出可以直接生食的脱氟南极磷虾肉产品的船舶。"福荣海"轮的加工能力、加工技术均达到世界领先水平,填补了我国在南极磷虾专业性捕捞及加工技术领域的空白,也将进一步加速我国南极海洋生物资源开发利用的进程。"福荣海"轮于 2013 年实现产值 1 亿元。"福荣海"轮的顺利达产标志着辽宁省大连海洋渔业集团"抢资源"战略取得阶段性成果,也为南极磷虾全产业链发展打下坚实基础。

"福荣海"轮

尽管我国的南极磷虾产业已取得阶段性成果,但是我国的南极磷虾捕捞水平仍然较低,表现在基础研究深度不够以及对南极磷虾资源的探查与评估、南极磷虾渔场的变动规律等研究不足。这些都制约了我国南极磷虾绿色、高效捕捞活动的开展。另外,南极磷虾易堵塞网具、易挤碎的特点对捕捞技术提出了很高的要求,但目前我国作业渔船多是引进或改造的二手大型拖网渔船,作业效率不高。2014 年,我国南极磷虾捕捞量不到挪威的 1/3。

2018 年,农业农村部批复的专业南极磷虾捕捞加工船"深蓝"号进坞搭载。"深蓝"号是我国目前最大最先进的远洋捕捞加工一体船,配有先进的捕捞设备、连续泵吸捕捞系统以及冻虾、虾粉等智能化船载加工生产线,可以实现虾肉、冻虾、虾粉及虾油的连续加工处理和自动包装运输作业。

南极磷虾捕捞加工船"深蓝"号模式图

"深蓝"号的年鲜虾捕捞及处理能力可达数万吨,是海洋工程装备领域的 14 项高新技术重点产品之一,也是我国远洋渔业重点发展的船舶装备之一。该船填补了我国在南极磷虾高端渔船领域的空白,大大提升了我国在南极磷虾科考、捕捞、加工等领域的技术水平,对我国远洋渔业的健康发展及海洋强国建设发挥着重要的支撑作用。

2019 年 5 月 18 日,我国南极磷虾捕捞加工船"深蓝"号在中船黄埔文冲船舶有限公司下水。

将要下水的"深蓝"号

2019 年 12 月 13 日上午,随着一声悠长的汽笛声在黄埔文冲船厂码头响起,江苏深蓝远洋渔业有限公司投建的南极磷虾捕捞加工船"深蓝"号开启了它的首次海试之旅。本次试航的主要地点在桂山岛—万山列岛海域。经过 4 天不分昼夜的连续工作,"深蓝"号于 16 日晚上 7 点成功返航。在试航期间,"深蓝"号重点进行了船舶性能测试、通导设备(含渔探)试验、主推进系统试验等,确保船舶作为承载平台的功能完整性和系统协调性,为后续的船舶完善、船员操作提供了完整的依据。

"深蓝"号的建造充分证明了我国目前在南极磷虾开发领域的技术水平,标志着我国成功迈入大型渔船设计领域的大门。

民企投建"明开"号

在茫茫大海中,远洋渔船不仅需要承担捕捞任务,还需要将渔获物保鲜,以获取更好的收益。

大部分渔船一般是先将渔获物进行冷冻,待运输船到来或者靠港后才能卸载渔获物。拥有一艘既可以远洋捕捞又可以加工和经营的海上加工船,是远洋渔者梦寐以求的事情。"明开"号就满足了这些要求。

"明开"号是青岛市唯一一艘具备南极捕捞能力的远洋捕捞船,也是一艘民企投建的远洋捕捞船,是目前亚洲最大的拖网加工渔船。

亚洲最大的拖网加工渔船——"明开"号

"明开"号以白色为船体主色。船总长 120.7 米,宽 20 余米,高 41 米,容积总吨为 7765 吨,主机功率为 5300 千瓦,总排水量为 1 万吨,24 小时满负荷作业可捕捞南极磷虾 300 吨,捕捞装载量可达 2600 吨。"明开"号具备很强的抗风能力,即使是面对 10 级大风,仍然可以继续作业。

"明开"号一共有 9 层,甲板在第 4 层。甲板有一个足球场大,船员和工作人员基本活动在第 2 层到第 8 层;第 3 层为船员宿舍,每间宿舍面积约为 8 平方米。

"明开"号配备有上百名船员,分布在甲板部、轮机部、加工部等部门。甲板部负责捕捞;轮机部是整条船的心脏部门,负责"明开"号的动力输出;加工部则负责处理捕捞到的磷虾、南极冰鱼等,通过流水线将其直接加工成成品。"明开"号每个航次任务时间为 1.5~2 年,船员们绝大多数时间在船上度过。

由于船上生活枯燥无味,几乎所有的船员都配备了笔记本电脑。他们会通过玩游戏、打扑克、看电视剧等活动来消磨枯燥的时光。

对于从事远洋捕捞作业的船员来说,能吃到新鲜蔬菜是一件很幸福的事情。"明开"号大厨介绍:"出航之后,新鲜蔬菜顶多能吃 20 天,之后船员们就要靠泡菜补充维生素;船上装有海水净化装备,因此淡水可以实现自给自足;在船上有一点好处就是船员们可以敞开肚子吃捕捞上来的海鲜。"

"明开"号配有齐全的先进捕捞设备,驾驶室内有进口的雷达、自动操舵仪、卫星通信设备和声呐探测设备等。"明开"号在进行捕捞作业时,先由船员下放周长达 1440 米的巨型捕捞网。捕捞网被下放之后,先是由两个重达 4.8 吨的巨型钢铁支架撑开,形成一个宽 120 米、高 60 米的椭圆形网口,然后在船的牵引下进行海底拖网作业。

"明开"号在作业过程中,一台声呐负责海域内的横向扫描,查看周围是否有南极磷虾;另一台声呐负责探测磷虾所处的深度。

南极磷虾生活在水深 30~100 米的水层中,因此"明开"号专门配备了可以调整深度的捕捞网。当声呐和雷达探鱼器锁定南极磷虾的具体位置后,工作人员可实时调整捕捞网的位置,保证捕捞量。一旦发现虾汛,"明开"号将 24 小时不间断作业。

一名工作人员正在"明开"号轮机室内监控动力机械设备的运行情况。

"明开"号上有专业的加工车间、冷藏室、冷冻室等,其中以加工车间居多。巨型捕捞网将南极磷虾捕捞上来之后直接放入鱼槽,使其通过鱼槽进入加工车间。加工车间设有流水线,可将南极磷虾直接分拣和加工。完整的南极磷虾经过速冻运入冷库储存,不完整的南极磷虾会被磨成虾粉后再放入冷库。还有一部分南极磷虾被加工成海钓用的鱼饵,销往韩国和日本。"明开"号日捕捞量最高可达 300 吨,加工量可达 200 吨。

海上的"明开"号就是一座流动加工厂。

"明开"号除捕捞南极磷虾外,还可捕捞南极冰鱼和鲔鲅鱼。在一个航次中,"明开"号会不间断地进行捕捞、加工。当捕捞、加工的海产品到达一定数量后,"明开"号会通过运输船将加工好的海产品运送到港口,进而销售到欧美地区。

2015 年 2 月 26 日,"明开"号作为亚洲最大的拖网加工渔船,首次前往南极公海海域进行为期两年的南极磷虾捕捞作业。当地工作人员为这位出征南极的海上"勇士"举行了隆重的壮行仪式。

2015 年 2 月 28 日早上,"明开"号抵达韩国釜山,30 多天后到达南非开普敦港,经过短暂的加油等补给工作后到达南极磷虾渔场,展开首次作业。

"明开"号此次的南极磷虾捕捞项目有利于加速我国对南极海洋生物资源的实质性开发利用,在"存在即是权益"的海洋权益竞争中体现了我国在南极海洋生物资源开发利用领域的实际存在,有利于树立我国在极地海洋生物资源开发利用中的远洋渔业大国、远洋渔业强国的地位。

探秘金枪鱼

　　金枪鱼,也叫"吞拿鱼""鲔鱼",是一种生活在海洋中上层水域的鱼类,主要分布在太平洋、大西洋和印度洋的热带、亚热带及温带海域,具有高度的大洋性洄游特征。

　　金枪鱼被誉为"海底黄金",其肉质柔嫩,具有很高的营养价值,是世界营养学会推荐的三大营养鱼之一,备受消费者欢迎。它富含蛋白质、肌内脂肪、维生素 A 和维生素 D,尤其富含 DHA、EPA 等具有生物活性的多不饱和脂肪酸。同时,金枪鱼中甲硫氨酸、牛磺酸、矿物质的含量非常丰富,有保护人类肝脏的功能。

金枪鱼鱼群

　　拥有这么多对人类身体健康有益的功能令金枪鱼的需求量不断增加。从渔业利用的角度看,金枪鱼可以分为黄鳍金枪鱼、大眼金枪鱼、蓝鳍金枪鱼、长鳍金枪鱼、鲣鱼和马苏金枪鱼 6 种。我国从 20 世纪 80 年代中期开始发展远洋金枪鱼渔业。目前,我国金枪鱼渔业的作业方式已从延绳钓发展到大型围网捕捞,作业海域已从太平洋扩展到大西洋、印度洋。

　　据传,以前渔夫在把捕捞到的金枪鱼运回岸上的途中,为了保证它们能活下来,会在其旁边放一些鲇鱼。鲇鱼好动，不停地摇摆。金枪鱼持续受到扰动，也跟着活动起来。通过这种方法，渔夫保证了运回岸上的金枪鱼是活的。

那么，为什么要让金枪鱼活着到达岸上呢？

原因很简单。金枪鱼要靠时常保持快速游泳才能维持身体各部分能量的供给，一旦离开赖以生存的水环境，其品质就会迅速下降，在贮藏运输过程中非常容易腐败变质。因此，在当时的条件下，让金枪鱼活着才能保证金枪鱼肉的新鲜度。

现代金枪鱼远洋捕捞作业周期一般较长，为了保持金枪鱼的新鲜度，人们往往采用冷冻加工技术来延长它们的保鲜期。因此，要吃到新鲜的金枪鱼，关键是要建立完备的"冷链"。国内远洋企业大多因为没有超低温捕捞船和有效的保鲜技术，不得不将捕获的金枪鱼直接低价出售给海上买家。

冷链物流保鲜技术成为制约我国金枪鱼加工产业发展的瓶颈之一，国内消费者的"口福"也因此受到影响。为此，水产领域的科研人员一直在研究如何有效提升金枪鱼的保藏、加工技术，以便让中国人的餐桌"丰盛"起来。

为了解决金枪鱼保藏与加工的技术难题，海洋类高校、研究机构及水产企业开展了产学研一体化攻关，研究生食金枪鱼质量保真技术，打造出"渔场－市场－餐桌"的全产业冷链，有力推动了我国金枪鱼企业打入国际高端市场。金枪鱼全程冷链物流保鲜技术的攻关与推广使金枪鱼逐步踏上了批量"回国"之路，缓解了以往远洋优质资源低价出售而本土加工企业"吃不饱"的局面。

"昌荣2"号就是专业从事超低温金枪鱼捕捞加工的远洋渔船，船长52米，总吨位为706吨，是海南省第一艘参与南海渔业资源探捕作业的远洋渔船。这艘渔船作业范围广，续航能力强，拥有先进的设备。"昌荣2"号主要采取延绳钓的方式捕捞金枪鱼，并将捕获的金枪鱼加工为零下60摄氏度的生冷金枪鱼，以便于人们生食。

2012年12月，由中国农业发展集团有限公司、海南省南海现代渔业集团有限公司和广东海洋大学组成的探捕队伍搭乘"昌荣2"号远洋渔船从海口港起航，赶赴南海进行渔业资源探捕，其主要作业范围包括中沙群岛、西沙群岛南部和南沙群岛海域。

历经两个多月，"昌荣2"号顺利完成航次任务，成功捕获了经济价值较高的海产品，初步掌握了金枪鱼在我国南海海域冬季洄游的规律，为金枪鱼的远洋捕捞做出了贡献。

"昌荣2"号

我国首艘远洋渔业资源调查船——"淞航"号

开发、利用和养护海洋渔业资源是我国由海洋大国向海洋强国迈进的必然选择，"淞航"号渔业资源调查船由此诞生。

"淞航"号渔业资源调查船

1937年8月13日，淞沪会战爆发。在这场战争中，江苏省立水产学校（上海海洋大学的前身）的"淞航"号实习船被摧毁。为了纪念这艘船，农业部和上海市政府共同投资建造了一艘远洋渔业资源调查船，并将其命名为"淞航"号。

重获新生的"淞航"号配备有先进的捕捞和科考设备，专门用于渔业的科学调查。

"淞航"号的船体由26个分段组成。一块块经过防锈处理的专用钢板在数控等离子切割机的精确作用下被切割成船体的各个部件。这些部件最终组成"淞航"号的"肌体"：加工完成的船体部件通过焊接、打磨等过程被一块接一块地连接在一起。可以说，如果把造船类比做衣服，那么钢板就是布料，切割就是裁剪，而焊接则是缝纫。

2016年10月，在每个分段完成之后，"淞航"号的建造基地转移到天津新港船厂。这里有起重量为800吨的龙门吊、50万吨级别的船坞。所有参与建造的人员开足马力，不遗余力地拼装分段，直到"淞航"号的雏形显现出来。

"淞航"号拼装现场

2016 年 12 月 31 日，在两个起重量为 800 吨的龙门吊的配合下，船艏总段和导流罩总段合拢，船体总装正式开始。船体合拢后，船员舱、驾驶舱等就像搭积木一样在船体上归位。"淞航"号的主体就此形成。

2017 年 3 月 3 日，"淞航"号出坞下水，并被正式命名为"淞航"号。船舶下水时，一般是船体在高高的船台上顺轨而下，直冲入海。由于现代船舶建造工艺有了巨大改进，"淞航"号的下水改为开闸放水后由拖船拖曳出坞。虽然没了直冲入海的壮观场面，但"淞航"号在海上漂浮移动的场景依然令人激动。

下水后，"淞航"号进入设备安装调试和内部装修阶段。尽管"淞航"号主体部分已经建成，但是设备安装调试、内部装修等阶段的工作量依然巨大，仅需要敷设的电缆如变频电缆、高压电缆、低压电缆、双绞线等就有将近 200 千米。面对这些错综复杂、眼花缭乱的电缆，建设工人们不可以出一点差错。

"淞航"号出坞下水时的亲水时刻

为"淞航"号的建设者们点一个"赞"。

2017年10月26日,"淞航"号在汽笛的长鸣声和鞭炮声中离开天津新港船厂,开启了驶往上海的征程,将由上海海洋大学使用。

"淞航"号驶往上海母港。

"淞航"号主尺度为总长85.00米、水线长81.00米、船宽14.96米、型深8.70米,设计吃水深度为4.95米,结构吃水深度为5.35米,满载排水量为3271.4吨。船舶最大航速为15节(节是专用于航海的速度单位,1节=1海里/小时),经济航速为12节,续航力达10000海里,船舶自持力达60昼夜。"淞航"号为钢质、长艏楼结构、艉滑道船型,设有全景式驾驶室以及柴油机驱动、德国进口垂直式电力推进装置。"淞航"号主要作业方式为中层及底层拖网、金枪鱼延绳钓和灯光鱿鱼钓等3种。"淞航"号可以适应不同渔业资源生物学特性的调查,为开展不同渔具渔法研究提供基础保障。

此外,"淞航"号配备了海洋生物、水文生化、调查监控和通用实验室,以及艉部露天甲板调查作业区。除承担上述 3 种作业任务外,"淞航"号还有如下功能:6000 米水文绞车取样调查;通过声学鱼探仪探测鱼群密度、鱼群深度、鱼群移动速度等;通过浮游生物采集网(6000 米)进行深海生物采样,并分析不同水深浮游生物组成;通过 600 米水下机器人对表层鱼群进行集群查看以及水下生物观测;通过 CTD(温盐深仪)专业折臂吊进行 6000 米水深水质采样调查;通过多波束系统探测 7000 米以内的地貌情况,以便进行海底环境调查研究。

"淞航"号主要承担金枪鱼、鱿鱼、竹荚鱼及南极磷虾等重要远洋渔业资源的调查研究任务,承担国家有关远洋渔业资源和新渔场开发的任务,承担我国远洋捕捞中底层拖网、变水层拖网、金枪鱼延绳钓、灯光鱿鱼钓、新的作业方式以及渔业高效、节能、生态型渔具渔法的科学实验和研究工作,承担大洋环境的观测和公海海域卫星遥感数据接收分析工作,承担大洋深海生物和地质地貌调查研究工作,承担海洋大气环境组成成分研究任务,承担渔业科学和海洋科学等涉海专业人才培养。"淞航"号对我国远洋渔业资源的可持续发展,对我国走向远洋、走向深蓝、践行"走出去"战略,对我国从海洋渔业大国向海洋渔业强国转变有着重要的作用和意义。

为更好地完成上述功能和任务,"淞航"号配备有多种先进系统,具体有以下 7 种:

大气观测系统,主要配套设备有:黑炭气溶胶测量仪、船载大气汞测量工作站、海气边界层观测系统、温室气体观测系统、气溶胶质谱仪。

水体观测系统,主要配套设备有:CTD 采样器、表层多要素采样系统、走航式 ADCP(Acoustic Doppler Current Profilers,即声学多普勒流速剖面仪)、自容式 ADCP、甲烷测量仪。

海底探测系统,主要配套设备有:EM302 多波束测量系统、TOPAS 浅剖系统、EA600 单波束测深仪。

生物资源调查系统,主要配套设备有:浮游生物连续采样系统、水下快速照相系统、大体积抽滤系统、SU93 全方位鱼探仪、EK80 科研鱼探仪、升降鳍系统、600 米水下机器人。

遥感信息接收验证系统,主要配套设备有:船载卫星遥感接收系统、自动气象观测站、海面高光谱测量仪、水下高光谱测量仪、水下多光谱吸收 / 辐射测量仪。

船载实验室与网络系统,主要配套设备有:VSAT(Very Small Aperture Terminal,即甚小天线地球站)卫星通信系统、海事卫星通信系统、北斗卫星通信系统。

甲板设备辅助系统,主要配套设备有:20 吨 A 型吊架、20 吨底钢绞纲机、6000 米水文绞车、6000 米 CTD 收放吊系统、5 吨 A 型吊架、1500 米底栖生物绞车。

"淞航"号上配备的先进设备既能满足开展远洋渔业资源调查和分析的要求,也可承担国家相关远洋渔业资源调查和新渔场开发的艰巨任务。"淞航"号不仅成为培养海洋复合人才的关键基地和平台,也进一步提升了涉海专业人员的能力和科研水平。

2017年11月8日,"淞航"号离开上海芦潮港,开启了首轮科考之旅。首航期间,"淞航"号行程数千里,除完成EK80科研鱼探仪、浅底层拖网、灯光鱿鱼钓、温盐深剖面仪、甲烷测量仪、浮游生物采集网、金枪鱼延绳钓、水下机器人、水下照相系统、水下高光谱投放、中层拖网、深水拖网等多项试验任务外,还完成浮游生物、海洋鱼类、深海水样等多种采样任务以及海底地形测量、海水病毒分析、压载水分析等多项科考任务。2017年12月12日,在寒冷的清晨有一个温暖的消息在传递:远洋渔业资源调查船"淞航"号经过35天的航行,返回上海芦潮港,顺利完成首航任务。

"淞航"号拖网试验

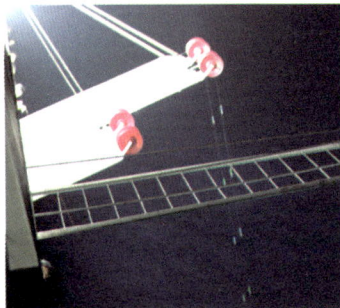
"淞航"号灯光鱿鱼钓试验

"淞航"号温盐深剖面仪试验

渔业"航空母舰"

我国的渔业资源调查船走过了一段艰辛的发展历程。20世纪80年代，我国拥有各类渔业资源调查船58艘，其中海洋渔业调查船有50艘，淡水渔业调查船有8艘。这58条渔业资源调查船的调查范围基本覆盖了我国的主要水域，形成了布局科学、结构合理的渔业资源调查船体系，主要代表有"北斗"号、"南锋703"、"南锋704"、"东方"号等一批千吨级海洋渔业资源调查船。其中，"北斗"号海洋资源调查船被授予"功勋调查船"称号。

"北斗"号渔业资源调查船

20世纪90年代到21世纪初，我国渔业资源调查工作经费严重不足，涉渔科研院所及高校的调查船纷纷退役或转卖，使得我国大型渔业综合调查船仅剩"北斗"号，直接导致我国渔业资源调查工作停滞不前。科研人员想要获得数据，开展渔业资源科学调查，只能搭乘生产船出海采样，但是在航线站位、数据精度、采样储用等方面制约非常大。

进入21世纪以来，越来越多的专家、学者呼吁：要想获得渔业的长远发展，我国就必须拥有自己的渔业科考船。中国水产科学研究院不断写申请、打报告，希望得到上级相关部门的认可,建设属于自己的渔业资源科考船。

功夫不负有心人。2003年,国家发展和改革委员会与农业部立项,计划于2008年开工建造"南锋"号渔业资源调查船,预计于2010年建造完成并投入使用。2010年8月,"南锋"号渔业资源调查船在广州举行首航仪式,正式交付中国水产科学研究院南海水产研究所使用。

"南锋"号渔业资源调查船

2013年,全国渔业资源调查船体系建设顶层设计完成,标志着我国渔业资源调查船体系复建工作正式启动。同年,4艘300吨级渔业资源调查船立项。2014年,"蓝海101"号、"蓝海201"号两船获批立项。

2015年9月,"蓝海101"号、"蓝海201"号两船由中国船舶重工集团第七〇二研究所开工设计,2017年9月由沪东中华造船(集团)有限公司开工建造。2018年9月,"蓝海101"号、"蓝海201"号成功下水,标志着中国最大的两艘海洋渔业综合科考船主体建造完成,进入舾装阶段。2019年6月,经过内部装修、调试,两船的交船仪式在上海举行。

"蓝海101"号、"蓝海201"号两船的正式交付，标志着我国3000吨级专业的海洋渔业调查船正式入列。

如今，"蓝海101"号、"蓝海201"号与"北斗"号调查船以及2010年建成交付的南海区渔业资源与环境科学调查船"南锋"号共同成为我国渔业资源调查船体系建设的重要组成部分。这标志着我国三大海区（黄渤海区、东海区、南海区）均有了1000吨级以上的专业的海洋渔业调查船，标志着我国对深海大洋的科研探索能力得到进一步提升。这对我国渔业科学调查船体系建设具有划时代的意义。

"蓝海101"号

"蓝海201"号

"蓝海101"号与"蓝海201"号为"一型两船"。两船为双层连续甲板、长艏楼、尾滑道、垂直球艏船型，有全景式驾驶室，还配备了艏/艉侧推装置、方龙骨、舭龙骨及可控式被动减摇水舱、动力定位及综合导航定位系统，操纵灵活，适航性和耐波性较好。

"蓝海 101"号船长 84.50 米，主机功率为 2720 千瓦，型宽 15 米，型深 8 米，设计吃水深度为 5 米，满载排水量为 3297 吨，续航力达 10000 海里，最大航速为 14.5 节，自持力达 60 天，定员 60 人，配置相关科研仪器设备 64 台（套）。

"蓝海 101"号配备了国际先进、自动化程度高的绞纲机、卷网机、自动拖网控制系统、电动变频 CTD 绞车、专用收放装置等甲板机械操控装备，可开展底层拖网、变水层拖网、延绳钓、鱿鱼钓等 4 种探捕作业，能够高效完成海洋渔业资源及环境调查任务，并能确保科学调查数据的准确性和精度。

"蓝海 101"号主要功能包括：渔业资源调查功能，即能进行底层拖网、变水层拖网、延绳钓、鱿鱼钓的调查以及渔业资源评估；渔业环境调查功能，即具有初级生产力、浮游生物、底栖生物、水体和沉积物理化环境参数的调查和分析功能；船基遥感信息接收与处理功能，即具有接收"风云三号"气象卫星、EOS（Earth Observation System，即地球观测系统）卫星等遥感卫星信息的能力，可实时获取海表温度、叶绿素、气象云图等渔场渔情信息；新型渔具渔法试验研究功能，即具备各类渔具渔法现场试验能力，可承担海洋渔具选择性和标准化现场试验任务，可开展远洋船用设备、新型渔具渔法及捕捞节能降耗技术的海上试验工作。

2019 年 4 月，"蓝海 101"号在东海长江口海域开展了为期 7 天的船舶性能及船舶设备海上测试，完成了船舶各项性能指标的测试以及船体、轮机、电气等系统的设备运行试验。经过海试，"蓝海 101"号调查船主要性能参数达到设计预期，符合建造要求。

"蓝海 101"号进行海试。

至此，黄海水产研究所调查船系列按照自小而大的顺序，分别为 100 吨级近岸渔业资源与环境调查船"中渔科 101"号、300 吨级近海渔业资源调查船"黄海 11"号、1500 吨级远洋渔业资源调查船"北斗"号、3000 吨级远洋及极地无冰区海洋渔业综合科学调查船"蓝海 101"号。这些调查船全面提升了我国在近岸、近海、外海及远洋等全面开展渔业资源科研考察的能力和水平，为进一步加强我国海洋渔业资源调查奠定了坚实基础。

"黄海 11"号渔业资源调查船

"蓝海 201"号船长 84.50 米,型宽 15 米,满载排水量为 3281.5 吨,续航力达 10000 海里,配备有国际先进的渔业科学调查系统。

"蓝海 201"号调查船可满足无限航区和南北两极（除冰区以外）海域的航行要求,技术水平和调查能力达到国内领先、国际先进水平,主要承担海洋渔业资源与渔业环境的常规、专项和应急调查监测以及海洋综合调查和研究。它具备海洋渔业资源、水文、物理、化学、声学、遥感等综合要素的同步探测、分析和处理能力;具备考察数据采集、样品取样和现场分析能力;能够承担渔业资源调查评估、渔业生态环境监测评价、渔业卫星遥感应用、渔具渔法研究与试验等科学研究任务。"蓝海 201"号通过共享共用机制,为中国海洋渔业科学研究、国际渔业科技合作与交流、海洋渔业科研人才团队培养提供调查公用平台和人才培养平台。

2019 年 4 月,"蓝海 201"号在东海长江口海域开展了为期 6 天的海上性能测试。经过试航检验,"蓝海 201"号调查船主要性能参数达到设计预期,符合建造要求。

"蓝海 101"号和"蓝海 201"号是农业农村部至今斥资最多、吨位最大、设施最先进的海洋渔业综合科学调查船,有着"渔业航母"之称。这两艘调查船是我国海洋科学研究的"国之重器"和"农业现代化标志性工程"之一,将成为未来 10 年内我国开展海洋渔业科学调查的主力军,与三大海区现有和待建的海洋渔业科学调查船相互补充,形成完整的全国海洋渔业资源调

"蓝海 201"号进行海试。

查船体系。它们的诞生和使用意味着我国远洋渔业科考船家族新添得力干将,填补了我国在远洋海域缺乏渔业资源调查能力的空白,也有利于更好地维护我国海洋渔业权益,更标志着我国海洋渔业综合调查能力跻身世界前列,展现了我国从海洋大国迈向海洋强国的雄厚实力。

经过多年发展,我国远洋渔业已经形成一个全新的局面:通过践行"走出去"战略,促进了我国资源和市场的快速发展,改善了渔业产业结构,扩展了渔业发展空间,提高了产业综合实力和国际竞争力,维护了我国海洋权益,巩固和加深了我国在相关国际领域的地位和影响力,深化了我国与有关国家和地区的友好合作关系。同时,远洋渔业的发展带动了我国船舶及装备设计制造、水产品冷藏加工和物流等相关产业的发展,对建设现代渔业、促进经济社会发展、增加农渔民就业和收入、调节国内市场水产品供给做出了巨大贡献。

第四章 与海共舞的养殖

海洋是人类的母亲，是人类千百万年来取之不尽、用之不竭的巨大资源宝库。就生活物资的获取来说，人类不仅通过捕捞从海洋母亲那里得到大量的野生产品，而且通过海洋这一巨大的空间资源发展出海水养殖产业，以获取更多的海产品，满足自身的需要。

新中国成立之前，我国海水养殖业发展缓慢。新中国成立之后，由于生产力水平的提高、科学技术的发展以及国家政策的支持，我国海水养殖业得到飞速发展，突出表现在我国海水养殖的五次浪潮。

近年来，我国海水养殖业开始转型升级，已从过去追求养殖面积的扩大和养殖产量的增加转向更加注重品种结构的调整和产品质量的提高：新的养殖技术、品种不断被推出，名特优水产品养殖规模不断扩大，工厂化养殖、生态健康养殖模式发展迅速，深水网箱养殖发展势头迅猛，养殖业的规模化、集约化程度逐步提高……

我国海水养殖的起源

海水养殖就是利用浅海、滩涂、港湾、围塘等海域饲养和繁殖海洋经济动植物的生产方式,是人类定向利用海洋生物资源、发展海洋水产业的重要途径之一。

据相关文献记载,我国的淡水养殖要远远早于海水养殖。例如:《诗经·大雅·灵台》中就有"王在灵沼,于牣鱼跃"的记载,意思是周文王游于灵沼,看见其中饲养的鱼在跳跃。可见,在商代末年我国古代劳动人民就开始进行池塘养鱼。从天然捕捞到人工建池养殖是渔业生产历史上的重大转折,而我国则是世界上较早开始养鱼的国家。

鲤鱼在唐代是被禁止食用的。《酉阳杂俎》记载:"国朝律,取得鲤鱼即宜放,仍不得吃,号赤鲤公,卖者杖六十。"这是为什么呢?原来唐代皇帝姓李,而鲤鱼的"鲤"与"李"同音。因此,当时以鲤鱼为鱼中之贵。官吏、贵族乃至平民都崇尚鲤鱼,竞相喂养红鲤鱼,还繁育出许多新品种。虽然唐代养鲤成风,鲤鱼又是美味佳肴,但人们不能烹食鲤鱼,因为食"鲤"就等于食"李",自然在避讳之列。

我国海水养殖成规模于明清时期。明清时期,由于土地兼并的加剧和人口的快速增加,滨海地区的很多百姓无地可耕,为了生存下去只得靠海谋生。他们"以海为田","藉海为活",想方设法地从海洋中得到赖以生存的资源,较大地促进了明清时期我国海洋渔业的发展。清人王步霄《种蛎诗》中的"东南美利由来擅,近海生涯当种田"就生动地反映出东南沿海地区开发海洋的盛况和海洋渔业对当地社会经济生活的重要性。

明清时期,在造船技术、航海技术、捕捞技术的推动下,海洋捕捞得到了长足的发展,但是森严的海禁政策大大缩小了海洋捕捞的作业区间,使得海洋捕捞资源严重不足。在此背景下,既能增加渔业生产资源又不致触犯海禁的两全之策就非发展海水养殖莫属了。我们可以从竹屿岛渔业生产方式的变化了解我国那一时期海水养殖业的发展情况。

《霞浦县志》记载:"蛎为南区特产,涵江、沙江、竹屿、武岐居民以蛎为业,始于明成化间。"该志还载有《蛎蛳考》一文,其文道:"福宁沿海之氓,田少海多,往往藉海为活……宣顺以前渔箔为生,成弘而后箔废而蛎兴……"通过上述材料可知,竹屿岛在明代以前是"藉海为活",后来变为"渔箔为生",再后来变为"箔废而蛎兴"。联系当时的海洋社会背景，我们不难理解推动竹屿岛渔业方式变革的根本原因就是海禁。

在明代以前，我国采取的是"听民自渔"的海洋渔业政策。这就使得沿海居民的生产空间限制不大，其生产行为也较为自由，因此"藉海为活"。但是，海禁政策出现后，渔业生产空间大幅度缩小，捕捞方式发生了变化，即"渔箔为生"。所谓"箔业"，实际上是一种大

《霞浦县志》

型的沿岸围网作业方式。但是，自明洪武初年海禁政策实施开始，至天顺年间共有约90年。近百年的年复一年、日复一日的捕捞，必然会使该岛近岸渔业资源枯竭，加之"无田可耕，无山可垦"和海禁政策的继续实施，该岛居民只能发展海水养殖业。

竹屿岛只是当时福宁沿海渔村的一个典型，其周边的涵江、沙江、武岐等乡乃至沿海其他地区同样被海禁逼迫得改变了渔业生产方式。当地居民走进一片新的有希望的"陆地渔场"时，便将海水养殖变为一种更加自觉的行动，并以极大的热情投入其中。当然，他们当时之所以能较大规模地发展这一新的产业，根本原因还是明清时期的科学技术已经发展到较高的水平，有实力推动该产业向前发展。

宁德市霞浦县的现代海水养殖

明清时期的海水养殖方式主要有3种：鱼塭养鱼、滩涂养贝和藻类养殖。

鱼塭是利用沿海港汊或河口进行养殖的一种方式，以养鱼为主。明代黄省曾《养鱼经》中有人工养鲻鱼的记载："鲻鱼，松之人于潮泥地凿池，仲春潮水中捕盈寸者养之，秋而盈尺，腹背皆腴，为池鱼之最。"

从宋代开始，我国就有贝类养殖的记载，养殖对象主要是牡蛎，但是当时的牡蛎养殖并没有形成规模。明清时期，贝类养殖实现了大的发展，不仅养殖规模大，种类也多。养殖种类主要有牡蛎、泥蚶、缢蛏等。贝类养殖技术也有所发

我国南方沿海咸淡水养殖的主要经济鱼类之一——鲻鱼

展。明代成化年间，福建渔民利用插竹养殖牡蛎。之后，广东渔民改用投石法养殖牡蛎：将烧红的石头投置在海中，让牡蛎附着在上面生长繁殖。为什么要用烧红的石头呢？因为这样可以利用高温将石头上的细菌杀尽，类似于现代养殖中的消毒。这样牡蛎就可以更好地生长，大大提高了牡蛎的产量。

在藻类中，我国最早人工养殖的是紫菜。福建平潭是紫菜人工养殖的发源地。据《平潭县志》记载，清乾隆年间，平潭已有"紫菜坛"，由业主租给藻农种植。嘉庆至道光年间，平潭创造性地摸索出石灰水灭害清坛的方法，形成一种养殖紫菜的独特技术。清末，郭柏苍在《海错百一录》中详细记载了福建人工养殖紫菜的产地、生产的情况和紫菜质量的识别。可见，福建是清代人工养殖紫菜最发达的地区。

福建平潭的紫菜养殖海域

从捕捞天然海产品到人工养殖海产品是明清时期海洋渔业发展的重要成果。当时人工养殖的海产品有鱼类、贝类，还有藻类。明清时期的海洋渔业，不论经营范围的扩大还是生产技术的提高，都为近现代海洋渔业的发展创造了条件，打下了良好的基础。

我国海水养殖的五次浪潮

从 20 世纪 50 年代起,我国掀起了海水养殖的第一次浪潮。本次海水养殖浪潮的主要代表为海带。

海带是一种冷水性大型经济海藻,是我们生活中常见的海产品,主要分布在北太平洋沿海地区。海带是一种营养丰富的海洋食物,富含人体所需的多种营养成分,包括钙、铁、蛋白质、维生素、碘、多糖、甘露醇等,具有较高的营养价值和经济价值,非常适合食用。

不仅如此,海带也有很重要的工业价值,是医药保健、微量物质提取的重要原材料。另外,海带不但能为海洋动物提供饵料和生活场所,而且在海洋生态系统中起着固定光能、吸收二氧化碳、合成有机物质、释放氧气、净化水质等重要作用。

我国重要的经济海藻 —— 海带

其实,海带在我国属于外来物种。在 20 世纪 20 年代之前,我国沿海地区没有海带,直到一次偶然的机会,海带从日本北海道被无意带到我国大连附近海域,并且在海底自然繁殖。至此,我国海域才第一次出现海带。

1930 年,一名叫大槻洋四郎的日本学者在考察了这些在大连生长的海带之后,认为这里可以发展海带养殖业,于是又特地从北海道引入新的海带种系,开始正式养殖海带。大槻洋四郎对海带养殖方式进行了革新,改传统的投石法养殖为筏式养殖,既降低了成本,又提高了产量。

20 世纪 50 年代起,为满足国内食用和制碘工业的需要,我国开始重点研究海带养殖技术。在曾呈奎等科学家的努力下,我国先后解决了海带筏式养殖、夏苗培育、外海施肥、南移养殖等技术问题。到 1958 年,我国海带养殖技术已基本成熟。此后,我国便开始在从北到南的广大沿海地区大规模养殖海带，掀起了我国第一次海水养殖浪潮。这标志着我国现代海水养殖业的诞生。

海带的规模化养殖

对虾以壳软、肉质细嫩、营养价值高著称。辽宁、河北、山东和天津是对虾的重要产地。民间曾有"宁尝对虾一口，不吃杂鱼半篓"的说法，这足以体现对虾在人们心中的地位。

长期以来，由于人们在海上布设"天罗地网"，对虾遭到掠夺式捕捞，我国对虾捕捞产量大幅减少。在我国各级政府的积极引导下，沿海地区实现了从捕捞对虾到养殖对虾的转变，实现了捕养结合、科学管理。我国找到了振兴水产养殖的新道路。

中国科学院海洋研究所研究员吴尚勤首先在实验室条件下培育出人工虾苗，并对人工养殖对虾进行了综合性研究。

1979年，国内几个重要的海洋水产研究机构集中优势资源进行技术攻关，终于实现对虾亲虾产卵孵化优质增养殖全过程的人工控制，使对虾的大规模工厂化育苗成为现实。因此，从1982年到1992年的约10年间，我国掀起了以中国对虾为代表的海水养殖的第二次浪潮。1993年，虾病暴发，我国养虾业遭受重大挫折。直到我国成功攻破有关南美白对虾人工授精及育苗工艺的重大难题，使南美白对虾工厂化生产在我国取得成功，我国养虾业才重振雄风。

南美白对虾养殖基地

从 1997 年开始，中国水产科学研究院黄海水产研究所采用群体选育与家系选育、现代分子生物学技术相结合的方法，经过连续 7 代的选育，培育出中国对虾新品种"黄海 1 号"。这是我国第一个人工选育的海水养殖动物新品种，具有生长快的优良特性，体长比未选育群体平均提高 8.40%，体重提高 26.86%，养殖成功率达 90% 以上，被农业部确定为 2006 年和 2007 年水产主导推广品种。

黄海水产研究所培育的中国对虾新品种"黄海 1 号"

在改革开放前后，我国人民的生活物资比较匮乏。在当时百姓的餐桌上，鸡、鸭、鱼、肉、蛋等必需品仍然属于"奢侈品"，国民优质蛋白摄入量严重不足。扇贝作为一种富含高质量蛋白质的海产品，产量很低，寻常百姓根本吃不着，在当时被认为是"海中八珍"之一。高档宴会所需的扇贝也只能通过进口获得。为了让老百姓也能吃上扇贝，加之我国浅海养殖面临种类匮乏、效益低下、滑坡严重等问题，我国科学家在前期贻贝养殖产业发展的基础上，将研究方向转移到美国海湾扇贝的引种育苗上。

在当时的科研条件下，从美国将活扇贝带回我国是非常困难的。1981—1982年，张福绥院士及其团队先后三次引进扇贝。前两次运回来的扇贝还没有排卵就全部死亡，扇贝引进以失败告终。第三次，张福绥院士亲自赴美引进海湾扇贝。

海湾扇贝

1982年12月16日，来自美国的128个扇贝登上了飞往北京的航班。为了保证扇贝能存活下来，科研人员需要不断地给装扇贝的密闭泡沫塑料箱充气并持续晃动。12月18日，当飞机降落于北京机场后，他们将扇贝放进早就准备好的几大桶海水之中，并于次日运往青岛，养在实验室的水槽中。随着时间的推移，扇贝开始陆续死亡。张福绥院士及其团队对它们悉心照料，但最后仅有26只扇贝存活。

为了照顾好这26只来自美国的"希望火种"，团队内的科学家吃在实验室，住在实验室，没有节假日、休息日，紧张地期待着"小扇贝"的到来。

一个月后，小扇贝终于诞生了。通过进一步的实验研究，张福绥院士及其团队解决了亲贝促熟、采卵、孵化、苗种培育、养成等关键技术的研发，建立了一整套扇贝工厂化育苗及全人工养殖技术。

1985年，海湾扇贝养殖技术开始在我国沿海地区推广。20世纪90年代后期，我国兴起了以海湾扇贝为代表的贝类养殖，这是我国第三次海水养殖浪潮。到1994年，我国扇贝年产量已达30万吨，累计产量达100万吨，产值达40亿元以上。

贝类养殖区

我国海洋鱼类的养殖起步较晚，与淡水养殖相比规模较小，主要养殖品种有鲈鱼、梭鱼、六线鱼、鲷类、鲀类及鲆鲽类等，主要养殖方式有港湾养殖、池塘养殖、网箱养殖和室内工厂化养殖。

中国水产科学研究院黄海水产研究所雷霁霖院士于 1992 年首先从英国引进冷温性鱼类良种 —— 大菱鲆，并突破了大菱鲆工厂化育苗关键技术，构建起"温室大棚 + 深井海水"工厂化养殖模式，开创了大菱鲆工厂化养殖产业，年产量为 5 万多吨，年总产值逾 40 亿元。

大菱鲆

后来，以大菱鲆、牙鲆、半滑舌鳎为代表的鲆鲽类名贵鱼种工厂化养殖在我国发展迅速。昔日国际市场上的"贵族"鱼类被迅速推向我国市场，变成中国百姓餐桌上的普通菜，而每千克大菱鲆的价格也由最初的约 700 元降至现

大菱鲆养殖池

在的几十元。这标志着我国海水名贵鱼种养殖技术的突破，也标志着以海水鱼类养殖为代表的我国第四次海水养殖浪潮的开始。

从 20 世纪 80 年代开始，我国科学家就在进行鲍鱼的人工育苗和养殖。中国科学院海洋研究所研究员张国范领导的课题组从解决皱纹盘鲍的种质问题入手，采用遗传育种技术和现代生物技术相结合的方法，在国际上首次将皱纹盘鲍种内杂交和杂种优势应用于大规模生

皱纹盘鲍

产，创建了杂交鲍苗种培育和海区养成的技术工艺，培育出生长快、品质优、抗逆能力强的皱纹盘鲍新品系，并在皱纹盘鲍杂交及杂种优势的产业化应用上取得重大突破。

此外，张国范课题组培育的"大连 1 号"鲍鱼新品种比普通品种出苗率稳定提高 4~5 倍，生长速度提高 20%，养成周期缩短 1/3，并在辽宁、山东、福建等省推广。杂种鲍的产业覆盖率几乎为 100%，大大推动了我国鲍鱼人工养殖的发展，标志着我国第五次海水养殖浪潮的开始。

由一个个网箱和木板组成的鲍鱼养殖基地

　　海水养殖产业的五次浪潮带来了我国蓝色产业的技术革命，标志着我国水产业逐步从"捕捞"转向"养殖"，养殖重心逐渐从"淡水"转向"海水"。目前，用转基因、细胞克隆、多倍体诱导、人工性别控制等现代分子生物技术支撑的海水养殖产业正在以前所未有的速度蓬勃发展，必将为 14 亿中国人的食品工程做出更大贡献。

深海网箱养殖

　　深海网箱养殖是指在较深海域内,利用一般由网架、网衣、浮力装置和锚固装置等部件组成的网箱,运用投饵系统、水下监控系统、疾病防疫系统等配套措施进行离岸养殖的一种海水养殖方式。深海网箱养殖具有扩展养殖空间、保护和改善海域养殖生态环境、提高生产效率和产品质量、促进渔民转业和增加收入等优点。

深海网箱模式图

　　目前,我们吃的水产品大部分来自养殖。20世纪80年代,我国海洋捕捞量远低于需求量,并且由于对海洋的过度开发,各类海洋生物资源量急剧减少,使得这种供小于求的局面更加明显。因此,1985年年初,中共中央、国务院发出《关于放宽政策、加速发展水产业的指示》,明确提出:发展水产业,就全国范围来说,应当实行以养殖为主,养殖、捕捞、加工并举,因地制宜,各有侧重的方针。这在政策上确立了渔业的地位,推动了我国海水养殖业迅速发展。20世纪90年代,我国海水养殖水产品的总量已经超过海洋捕捞量。

随着我国海水养殖业的迅速发展，海水养殖的环境和病害问题日益突出，近岸海域特别是养殖密度较高的内湾水域污染严重。自然环境灾害和养殖品种病害问题已经成为影响我国海水养殖业持续健康发展的首要问题。因此，《全国海洋功能区划（2011—2020年）》提出：切实加强海洋环境保护和生态建设，统筹考虑海洋环境保护与陆源污染防治，控制污染物排海，改善海洋生态环境，防范海洋环境突发事件，维护河口、海湾、海岛、滨海湿地等海洋生态系统安全。

近岸资源的稀缺意味着几乎不占用海岸资源的离岸深海网箱养殖发展前景广阔。当前，我国海水养殖优势区域主要集中在浅海表、底层，但是该区域可挖掘的养殖空间潜力有限，而广阔的深远海自然条件优越、开发程度低，如果能充分挖掘我国深远海养殖产业发展的潜力，那么我国当前资源条件下近海养殖业高负荷运转的情况将得到很大的缓解。发展我国深远海养殖产业需要利用深海网箱养殖方式。

深海网箱养殖基地

我国的网箱养殖最早应用于淡水水域，然后逐渐扩展到我国沿岸近海地区。传统的网箱结构简单、容量小、抗风浪能力差，并且由于离岸近，外部及自身的污染会导致网箱内水产品质量下降，严重制约了我国网箱养殖的发展。深海网箱养殖则具有抗风浪能力强、鱼类生长快、水产品质量好、经济效益高等优点，加上国外深海网箱养殖已取得阶段性成功，有力地激发了我国对深海网箱养殖道路的探索。1998年，我国从挪威引进第一个浮式深海网箱；2000年，广东省从挪威引进一组升降式深海网箱；2001年，浙江省从美国引进一个钢质蝶形升降式深海网箱。我国于2001年研制了第一个浮式深海网箱并投入使用，2002年研制了第一个升降式深海网箱。我国将深海网箱养殖技术与设施研发纳入重点发展项目。经过多年的发展,我国的深海网箱养殖已取得重要进展。

挪威是世界上大型深海网箱养殖业最先进、最典型的国家。由于自身资源条件优越和政府的大力支持,挪威深海网箱养殖业发展迅猛。挪威深海网箱养殖的先进性主要体现在:(1)深海网箱大型化。挪威深海网箱周长从最初的 40 米发展到现在的 80 米、120 米、180 米、200 米,网深达 40 米,单箱养殖产量可达 200 吨。可见,挪威深海网箱正朝着大型化和超大型化方向发展,养殖环境和产品更加绿色天然。(2)配套设施逐渐完善。挪威深海网箱配套设施主要包括自动投饵系统、鱼苗自动计数器、水下监控设备以及自动分级收鱼和自动收集死鱼装备等。挪威深海网箱逐步实现了生产的自动化、智能化。(3)更加环保、安全。挪威深海网箱养殖业拥有严格的人才选拔机制和管理制度,严格按照各项标准、要求进行生产活动,保障了深海环境的优良及水产品质量的安全。(4)饵料品质和防疫水平不断提高。挪威不断优化深海网箱养殖饵料品质,减少养殖品种的排泄物对海洋的污染,同时研制鱼类常见病的疫苗和疫苗自动注射设备,减少抗生素的使用,保证产品质量。

近几年,我国通过实施海洋强国战略,推动海水养殖从近海走向远海,从普通网箱向大型装备跃升,从传统人工养殖向自动化、智能化养殖转变,开启了深蓝渔业发展的新纪元,也翻开了经略海洋、加快海洋经济发展的新篇章。这一过程还带动我国海洋渔业装备建设取得长足发展,使得我国在智能化大型网箱和养殖工船、多营养层级立体养殖等方面取得一系列重大成果。这些"国之重器"既是渔业部门与装备制造部门跨界合作的成功典范,又彰显了我国海洋实力,维护了我国海洋权益。

"海上花"——"耕海1号"

如果把浩瀚的海域比作耕地并进行"耕作"的话，那么我们需要的不仅是勇气，还有智慧。

"耕海1号"是山东海洋集团与中集来福士海洋工程有限公司共同研发、设计、建造的养殖网箱。"耕海1号"以科技创新推动传统海洋渔业转型升级，用更智能、更生态的方式将智能化渔业养殖、休闲垂钓运动和海洋文化旅游有机结合。"耕海1号"不仅为港城烟台增加一个"海上看烟台"的地标式休闲海洋文旅项目，还以"蓝色粮仓＋蓝色文旅"的模式为烟台市现代海洋经济发展丰富新业态。

"耕海1号"效果图

"耕海1号"为坐底式网箱，由3个大小相同、直径为40米的圆形养殖网箱旋转组合而成，构成总直径达80米的"海上花"概念。"海上花"每个"花瓣"代表1个网箱，养

矗立在海洋中的"耕海1号"

殖体积约为 10000 立方米。3 个网箱上设置了 60 个休闲垂钓位置,并能够同时接待 300 名游客观光游览。3 个"花瓣"交汇区构成了"花心"。"花心"是整个平台的大脑,控制着网箱的"一举一动",面积约为 600 平方米。"花心"设有网箱动力设备、监控设备、休闲观光区等,可以实现休闲观光、科普教育、海洋监测等功能,甚至可以用来举办海上展会。平台顶部还设置有直升机停机坪。"耕海 1 号"是名副其实的海上综合体。尤其到了夜间,全面开启灯光的"耕海 1 号"犹如海上明珠在黄海闪耀,成为城市新景观,与靓丽的海岸线呼应。

"耕海 1 号"夜景效果图

"耕海 1 号"的 3 个"花瓣"虽然外形相同,但是功能差别很大。3 个网箱分别是全自动网箱、半自动网箱和不需要提网的龟甲网箱。网箱采用太阳能发电、柴油机发电、风力发电等多种发电方式,配备自动投喂系统、水下监测系统、水下洗网机等,实现了养殖的自动化、智能化,也实现了无污染的生态养殖。

"耕海 1 号"的其中一个网箱

"耕海1号"水下效果图

"海上花"在大海中实现"绽放"不容易。

"海上花"从开始切钢板到铺龙骨，到分段合拢，到下水试航，再到最终交付，只用了8个月的时间。这期间，项目团队还要克服新冠肺炎疫情导致的生产人员不足、天气复杂多变造成的作业困难、首次建造无经验可借鉴等多种困难。但是，项目团队攻坚克难、全力以赴，确保了整个项目的顺利推进和按期交付。项目团队是如何做到的呢？

2019年9月23日，随着第一块钢板开始切割，"耕海1号"项目正式拉开生产建造的序幕。"耕海1号"的建造工期只有8个月的时间，时间紧，任务重，而且该项目有多项新突破，施工难度可想而知。但是，施工团队迎难而上、全力以赴，很快进入紧张有序的施工阶段。

2019年12月20日，"耕海1号"铺龙骨仪式在烟台顺利举行，标志着"耕海1号"进入分段搭载阶段。"耕海1号"作为新兴孵化产品，部分系统属于首次建造，由于没有相关经验借鉴，建造过程中不可避免地遇到了一些困难。以投喂系统为例，因为饵料质地松软，该系统的管路弯曲半径必须保证8倍弯曲，否则无法达到喂鱼效果。以往的深海网箱大多采用PE（聚乙烯）材质设计管路，无法满足施工进度，而且大量8倍弯曲的加工费用远远超出成本预算。施工团队面对这个情况，采用内附UPE（超高分子聚乙烯）涂层的食品级橡胶软管设计投喂系统管路。这样不仅符合安装要求，而且安装速度非常快，节省了大量安装费用。

"耕海 1 号"投喂系统饵料出口

按照原计划,施工团队必须于 2020 年 5 月 25 日顺利交付"耕海 1 号",然而面对突如其来的新冠肺炎疫情,"耕海 1 号"原本紧张有序的施工节奏被完全打乱。施工团队顶住压力,披星戴月,最终按时完成任务,体现了中国速度。2020 年 5 月 20 日,"耕海 1 号"如期下水,随之而来的是 18 个大系统和 42 个小系统的调试任务。其中,饵料投喂系统是该项目的创新系统,对它的调试是最具挑战性的调试任务。调试初期,工作人员就被"三座大山"挡住了去路:(1)供料器存在泄漏点,导致供料不足且喷射距离较短;(2)中控软件与投饵系统运行过程中出现不匹配情况;(3)设备自动化功能无法顺利实现。最终,调试团队经过与投饵厂家、中控厂家的"三方会诊","对症下药",于 5 月 21 日顺利解决了投饵系统的调试问题。

5 月 25 日,"耕海 1 号"缓缓驶离施工码头,并在当天到达指定锚地 —— 烟台市风景秀丽的四十里湾景区,距离海岸线 3000 米。游客可以非常便捷地领略"耕海牧渔"的海洋文化,体验"渔夫垂钓"的休闲乐趣。

游客可在岸上看"耕海 1 号"。

5 月 26 日，在大雨中，"耕海 1 号"完成了插桩作业。至此，"耕海 1 号"这朵"海上花"实现华丽绽放。2020 年 7 月 10 日，"耕海 1 号"正式投入运营。2020 年 11 月，"耕海 1 号"养殖成功的斑石鲷、真鲷和黑鲪陆续投放市场，标志着"耕海 1 号"开始在广袤的海洋中结出丰硕的果实。

游客们正在"耕海 1 号"上垂钓。

驱"鲸"入海——"长鲸一号"

我国黄渤海大陆架地势平缓,水深普遍较浅,海域潮流性质、运动形式、流速等较为复杂。在这种海洋和海底环境特点下,坐底式深远海养殖平台应运而生。

"长鲸一号"是由烟台中集来福士海洋工程有限公司自主设计建造的深远海智能化坐底式网箱,是国内首个通过美国船级社检验和渔业船舶检验局检验的网箱,其主要功能为智能化渔业养殖兼休闲垂钓。

"长鲸一号"

网箱采用坐底式四边形钢结构形式,由立柱、上下环、沉垫、斜支撑及超高分子聚乙烯网衣等组成,配备了自动投饵、水下监测、网衣清洗、成鱼回收等自动化装备,能有效提高网箱的智能化水平,减少劳动力投入,最大限度保证网箱的安全性和经济性。网箱上层建筑采用别墅样式,网箱周边走台进行了加宽,以满足游客休闲垂钓和观光旅游的需求。

"长鲸一号"结构图

"长鲸一号"主要参数如下表所示：

网箱主尺度

箱体尺寸	66 米 × 66 米
立柱最大边距	59.4 米
沉垫边长	10 米
最大作业吃水深度	30.5 米
上建气隙（裸露在空气部分的高度）	7 米
养殖容积	约 60000 立方米

设计海域条件

环境载荷	风暴工况	作业工况	备注
环境温度	−10℃ ~35℃		
设计水深（米）	26.5~30.5		考虑潮差
风速（米/秒）	36.0	17.1	1分钟平均风速
最大波高（米）	8.4	5.8	
波浪周期（秒）	12.5	10.3	
设计流速（米/秒）	1.2/0.8	1.2/0.8	表层/底层

根据"长鲸一号"的主要参数,工作人员在"长鲸一号"投产前对投放海域的海况及周边设施进行了详细的调研。

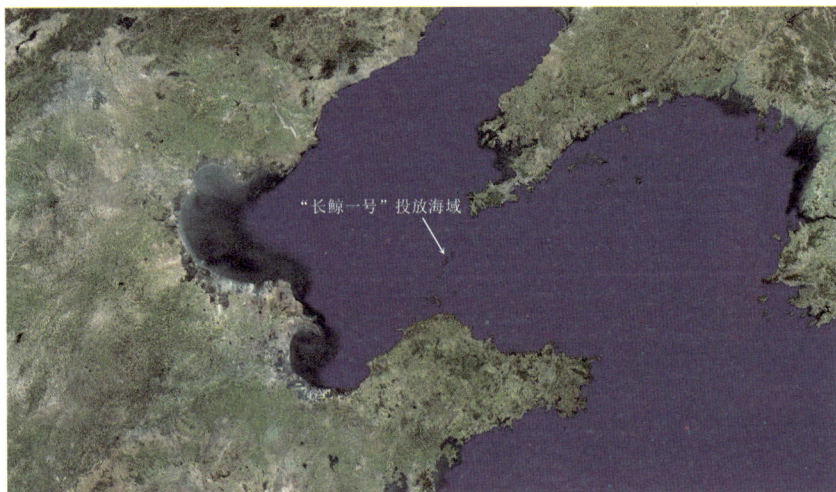

"长鲸一号"投放海域

2019 年 5 月 25 日,"长鲸一号"在烟台基地交付,开始发挥其渔业养殖和休闲垂钓功能。为更好地完成任务,"长鲸一号"搭载水动力自动投饵系统、水下监测系统、污水处理系统、海水淡化系统、太阳能发电系统、死鱼回收系统、提网系统、成鱼回收系统及云数据处理系统,实现了渔场的智能化、专业化、离岸化。该网箱的投入使用将加快传统养殖模式的转型升级,扩展可养殖海域面积,提高海洋经济产量,实现海上养殖业由浅湾向开阔海域迈进的历史性跨越。

已投放至指定地点的"长鲸一号"

不同于半潜式养殖网箱，坐底式深远海养殖平台不需要锚泊系统，抗波浪性强，抗台风性能好，不受浅水效应影响。因此，针对黄渤海海域特点，"长鲸一号"坐底式网箱养殖平台在安全性和经济性方面具备不可替代的优势。

在安全性方面，坐底式网箱养殖平台的核心技术问题在于如何使平台稳稳地"坐"在海床上以及如何保障网衣不被破坏。然而，由于坐底式基础面临作业海域施工环境复杂、海域地质条件多样等多重挑战，而且我国当前对于海洋土力学特性以及坐底式基础与海底之间的耦合作用缺乏全面的认识，因此烟台中集来福士海洋工程有限公司大力开展坐底式基础入泥、在位以及拔出全过程中固－土耦合分析技术研究，从而保障坐底式基础的安全设计。在养殖网箱事故中，绝大多数事故是由网衣破坏导致的，而网衣水动力性能以及抗拉、抗磨和抗蠕变等诸多结构力学性能的获得是实现网衣系统安全设计的首要问题。然而，当前国内外的设计规范和法规均无法提供相关性能参数的推荐值，因此该公司在设计过程中对此缺乏系统性认识。公司研发团队积极开展网衣系统性能研究，学习日本、挪威先进的大型网衣设计理念，继而发明了波流下坐底式平台－网衣－土壤全耦合的分析技术。在经济性方面，"长鲸一号"不需要适用于浅水的锚泊系统，大大减少了建造成本。

"长鲸一号"的另几大亮点分别是水动力自动投饵系统、水下监测系统、成鱼回收系统和提网系统。水动力自动投饵系统包括两台容积为 12 立方米的常压饵料罐，用于饵料储存，并采用了先进的控制软件，可实现系统定时、定量、高效自动控制，同时可以对投喂数据进行设置与存储等。通过该系统，"长鲸一号"每年仅需 4 名工作人员就能喂养出约 1000 吨鱼。

"长鲸一号"水动力自动投饵系统

"长鲸一号"的水下监测系统能够实时反馈水质参数、水下影像、动力参数等，并通过远距离微波通信系统将数据信息传输至云端互联网，工作人员可通过手机软件实时观看网箱内的海洋生态环境参数。

"长鲸一号"提网系统

提网系统包括两台提升绞车和 4 台张紧绞车。通过绞车的相互配合，网衣的提升速度可达 5 米 / 秒。同时，提网系统也可用于网箱网衣的更换。另外，网衣还配有网箱清洗设备，其洗网能力约为 400 平方米网衣 / 小时，不工作时可储存在设备间。

"长鲸一号"水下清洗设备

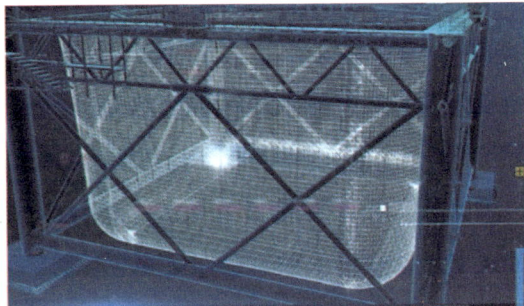

"长鲸一号"提网系统

另外，"长鲸一号"还有成鱼回收系统、绿色动力系统等。与传统的回收方式相比，吸鱼泵在大型深水网箱的使用可以有效解决以往网箱人工起捕费时、费工、费力和鱼体损伤大、死亡率高等难题。网箱采用"绿色能源（太阳能）+ 柴油机发电、蓄电池储存"的形式，保证平台不间断供电。

"长鲸一号"成鱼回收设备模式图

"长鲸一号"绿色动力设备

"长鲸一号"的成功研制不但带动了深海养殖的发展，还带动了休闲垂钓、旅游观光等产业的发展，促进了三产的融合，助力海洋经济高质量发展。

"Havfarm 1"深水养殖工船

　　"Havfarm1"深水养殖工船是由我国中集来福士海洋工程有限公司为挪威制造的处于世界领先水平的深水养殖工船。该养殖工船长 385 米、宽 59 米、高 65 米，包含 6 座深水网箱，养殖水体体积高达 44 万立方米，三文鱼养殖规模可达 1 万吨，符合全球最严苛的挪威石油标准化组织标准，并通过挪威船级社的入级检验。

"Havfarm1" 深水养殖工船

　　"Havfarm1"作为目前全球最大最先进的深水养殖船，其新颖的船型对船东、船检、设计、采购、建造各方都是一次重大的挑战。"Havfarm1"养殖工船于 2018 年 11 月 6 日正式开工建造，2019 年 12 月 15 日开始进行坞内的合拢工作，并于 2020 年 3 月 11 日按照规定的时间节点顺利出坞。面对新型冠状病毒肺炎疫情的蔓延，建造各方采取多种措施全面防控、认真防范，及时制定疫情应急措施和防控方案，做好防控和后勤保障工作，确保该船各项工作的顺利开展。面对网箱区域巨大的工作量，船装部、涂装车间昼夜不停，所有高空车、吊车等资源严阵以待，确保全部完成出坞前各项关键路径工作，为项目后续各项工作的完成争取了宝贵的时间。

在"泰山"吊下的"Havfarm1"

出坞前夕,项目团队完成了 80 项出坞评审任务,并完成了许多看似不可能完成的工作:轮机车间三个大夜完成了全船所有导向滑轮和牵引绳的安装,一夜完成了轨道伺服车的吊装和安装;管路车间和船体车间 4 小时完成了临时海水管路和浮箱的解体与清理;电装车间 4 天完成了新增交换机的接线工作。2020 年 3 月 8 日—10 日,水工部等在生产现场进行出坞的各项准备工作。与此同时,"Havfarm1"项目组、生产管理部组织各个部门对该船剩余计划进行了最后一次梳理,确保本次梳理覆盖当前所有工作,在保证出坞节点的同时,确保后续倾斜试验、系统调试等工作的顺利完成,实现"Havfarm1"的按期离港。

"Havfarm1"深水养殖工船顺利出坞。

2020 年 3 月 31 日,"Havfarm1"深水养殖工船举行命名暨离港仪式,被命名为"JOSTEIN ALBERT"。2020 年 4 月 5 日,在烟台海事局的护航下,经过 6 个多小时的作业,"中国智造"的深水养殖工船"JOSTEIN ALBERT"与半潜式重型运输船"BOKA

VANGUARD"顺利完成对接,并经过 40 多天的航行,顺利抵达挪威海域。

"JOSTEIN ALBERT"正在与半潜式重型运输船"BOKA VANGUARD"对接。

该养殖工船通过外转塔单点系泊的方式进行固定,同时搭载处于世界领先水平的三文鱼自动化养殖系统,可以实现鱼苗自动输送、饲料自动投喂、水下灯监测、水下增氧、死鱼回收、成鱼自动搜捕等功能。

"Havfarm1"深水养殖工船效果图

该养殖工船是一个全新概念的开放式渔场项目,由一个布置在船艉的单点系泊系统固定在海上，使其在海上可以围绕一个点随风浪进行360度的自由旋转移动。该养殖工船配备的单点系泊系统可以减轻复杂多变的海洋环境对水产养殖的影响，为水产养殖业提供高效、可持续运营的养殖工厂，同时能够解决三文鱼养殖密度过高、养殖水体不足和三文鱼鱼虱病等问题。该养殖工船将以可持续发展的方式满足人们对健康海洋产品日益增长的需求。

"Havfarm1"上部一览

我国首座全潜式"深海渔场"——"深蓝 1 号"

　　海是蓝色的。深蓝,顾名思义就是海的深处、距离海岸更远的地方。"深蓝 1 号"是我国第一座全潜式深远海渔业养殖装备,由中国海洋大学和武昌船舶重工集团旗下的湖北海洋工程装备研究院研制而成,是我国工业企业自主研发建造的"大国重器"。"深蓝 1 号"的工作海域距离海岸 130 海里,大大拓展了传统养殖业止步于近海的养殖格局,打破了传统养殖业"望洋兴叹"的局面,实现了我国在开放海域规模化养殖三文鱼的突破,也开创了在温暖海域养殖三文鱼的先河,是我国海洋渔业现代化进程中具有重要影响力的一件大事,必将开启我国深远海渔业养殖新征程。

"深蓝 1 号"

说到"深蓝1号"的建造背景，就不得不说黄海冷水团。黄海冷水团是世界罕见的浅水层冷水团，位于黄海中部洼地的深层和底部，只存在于夏秋季节，覆盖海域面积约13万平方千米，拥有约5000亿立方米的水体。黄海冷水团所在海域温跃层仅位于海面下20~30米，远浅于海面下100~200米的全球平均水平。黄海冷水团夏季底层水温在4.6℃~9.3℃，近底层水的溶解氧浓度不低于5毫克/升，其水质指标非常符合养殖冷水鱼类的水质标准，而且利用该区域浅源冷海水进行水产养殖的成本也会大大降低。

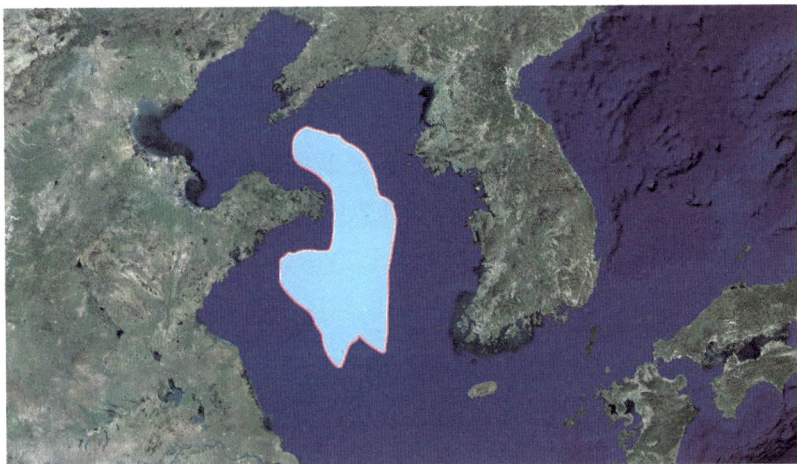

注：图中红线为12℃等温线。

黄海冷水团的分布示意图

另外，三文鱼口感鲜美，富含蛋白质和不饱和脂肪酸，具有降低血脂和血胆固醇的功能，深受人们的喜爱。但是，三文鱼对水文环境要求比较高，主要生活在美国阿拉斯加和加拿大海域，我国绝大多数海域没有野生的。面对国内巨大的三文鱼市场需求和黄海冷水团优良的养殖条件，"深蓝1号"这座"大鱼塘"横空出世。

三文鱼及三文鱼肉

"深蓝1号"堪称海上"巨无霸"，周长为180米，高约70米，直径约为60米，主体高34.45米。"深蓝1号"有效养殖高度为26米，养殖水体体积约为5万立方米，网箱表面积接近两个足球场大小，可以同时养殖 30 万尾三文鱼，设计年产量为 1500 吨，设计寿命为 20 年，适用水深约为 50 米，可以抵御 12 级台风。"深蓝 1 号"外形为八边形，主要由 9 根立柱及周围的桁架式支撑结构、底部浮筒、上层建筑以及主体结构外围的网衣组成。此外，这个网箱还配备了双层高分子渔网，可以有效地抵御鲨鱼的袭击，更厉害的是它外部的钢结构防护层可以抵御 12 级的台风。总的来说，它是能经得起大风大浪的。2019 年 8 月，台风"利奇马"途经之处引发了狂风暴雨，"深蓝 1 号"所在的黄海冷水团海域也迎来风浪暴雨的肆虐。最终，"深蓝 1 号"成功抵抗住了第 9 号台风"利奇马"的影响，网箱内养殖的 13 万尾三文鱼安然无恙。

作为中国深远海养殖重器，"深蓝 1 号"拥有完全自主知识产权，其"中国造"元素主要有 3 个：一是鱼鳔补气技术，即"深蓝 1 号"中心是向四周散气的圆柱，为网箱中的三文鱼补充氧气。二是网箱附着生物清除技术，即利用太阳光照射附着在网箱外层的海藻，通过人工拍打方式使其掉落。三是上下浮动技术。"深蓝 1 号"在黄海冷水团作业，可根据需要在海水中上下浮动。"深蓝 1 号"是中国首座全潜式"深海渔场"，其中这个"全潜式"是指其既能全部下潜到水下又能根据水的温度上浮到海面。基于此特点，养殖网箱在风浪较大或者台风来临时，可以下潜到水下躲避危险；到了夏季温度较高时，可以下沉到水下 20 米降温。"深蓝 1 号"是怎么实现上升和下潜的呢？原来，"深蓝 1 号"的浮筒和立柱都是中空的，类似鱼鳔，"深蓝 1 号"可以通过调节浮筒内部的水量来实现上浮和下潜。

"深蓝 1 号"主体近景（张进刚、张嘉奇　摄）

下面就让我们看看"深蓝1号"是怎样利用黄海冷水团进行养殖的吧。

养殖周期开始前，工作人员通过进水口向浮筒内注水，使得"深蓝1号"像潜艇一样慢慢下潜。这时，外部支持船上的鱼苗经过"深蓝1号"专门设计的活鱼进出口进入网箱。待鱼苗投放工作完成后，工作人员关闭活鱼进出口。进入夏季以后，"深蓝1号"所在海域的海面温度达到20℃以上，超过了三文鱼的存活温度。为了获得适宜三文鱼生长的水温，"深蓝1号"需要下潜到20米以下的水层，并处于坐底状态，这时"深蓝1号"的养殖区域将完全没入冷水团，仅上层建筑部分伸出海面。"深蓝1号"的下潜能给三文鱼带来更低的水温，使得网箱中的三文鱼顺利度过炎热的夏季。

正在下潜的"深蓝1号"

到了11月份以后，海面的温度又降低下来，达到了符合三文鱼生长的温度，这时"深蓝1号"便可上浮至海面。在外部支持船的帮助下，工作人员可以往浮筒内充入空气，将浮筒内的海水排出，使"深蓝1号"慢慢浮到海面。"深蓝1号"中三文鱼的养殖周期为1年左右。在这段时间里，每条三文鱼可以从0.2千克左右生长到4.5千克左右。

鱼长成后，就到了收鱼的阶段。收鱼的过程与鱼苗投放的过程相反：首先要将"深蓝 1 号"上浮，直到活鱼进出口露出海面；然后，将抽鱼软管的一头通过进出口插入网箱，将另一头连接至外部支持船的鱼舱，利用船

"深蓝 1 号" 中的三文鱼

上的吸鱼泵将鱼吸到鱼舱里。在吸鱼时，"深蓝 1 号"会继续慢慢上浮，直到三文鱼被全部收入船中。

"深蓝 1 号"的框架又大又重。在建造过程中，工作人员是如何在超过 30 米的高空实现精准对接，又是怎么安装的呢？原来，他们先是在车间里加工好一个个零件，并

正在拼接框架的 "深蓝 1 号"

在平面场地制作成模块；然后采用"搭积木"的方式，在船坞内用大型龙门吊将模块一块块拼接成一个整体完整的框架；最后将两层网衣分别挂到框架上。这样"深蓝 1 号"的主体就基本建造完成。之后，工作人员用拖轮将"深蓝 1 号"拖至已经抛好大抓力锚、装好锚链的养殖海域，并将锚链与网箱连接，使"深蓝 1 号"下潜到指定深度。

2018 年 5 月 4 日，深海渔场"深蓝 1 号"在位于青岛西海岸新区的中船重工武船集团建成交付。2018 年 7 月 2 日下午，"深蓝 1 号"在黄海冷水团海域正式启用。上万尾三文鱼"鱼贯而入"，集体乔迁入驻"深海新居"，标志着中国跨入批量养殖深海冷水鱼的新时代。2019 年 7 月，"深蓝 1 号"再次放鱼。值得一提的是，2019 年的"深蓝 1 号"在之前的基础上进行了一体化改造，同 2018 年的有所不同。之前的"深蓝 1 号"投饵

系统和发电系统是分开的,而改造后的系统是合在一起的,使得"深蓝1号"管理更方便,抗风浪能力更强。

改造前的"深蓝1号"(左)与改造后的"深蓝1号"(右)外观对比。

"深蓝1号"在研发过程中,通过军工技术转换,突破全潜式养殖装备总体设计、沉浮控制、氧气补充、鱼群监控等多项核心技术。"深蓝1号"的推广应用将推动我国养殖技术与装备的升级换代,扩展蓝色经济发展新空间,有效推动我国渔业从近海养殖向深海养殖的转变,从网箱式养殖向大型装备式养殖的转变,从传统人工养殖向自动化、智能化养殖的转变。

"海洋渔场 1 号"

　　"海洋渔场 1 号"是一座智能化海洋渔业养殖平台,由湖北海洋工程装备研究院为有机三文鱼生产企业 —— 挪威萨尔玛集团打造。由于突破了传统近海养殖海域的限制,可在开放的远海海域以及 100~300 米的水深区域进行三文鱼养殖,"海洋渔场 1 号"被世界养殖行业誉为"深远海养殖的划时代装备",开创了人类渔业养殖走向深远海的先河。

投入运营的"海洋渔场 1 号"

　　"海洋渔场 1 号"为圆柱形大型桁架网箱式结构,直径为 110 米,总高度为 69 米,水下部分高 45 米,重量为 7700 吨,由 8 根缆索连接并锚固于海中,可抵抗 12 级台风。"海洋渔场 1 号"养殖水体体积约为 25 万立方米,可同时养殖约 150 万尾三文鱼。作为智能化海上养殖装备,"海洋渔场 1 号"配备了先进的智能化养殖系统、自动化保障系统和高端深海运营管理系统,安装有 2 万多个各类传感器、100 多个水下水上监控设备和 100 多个生物光源,可实现饵料供应、鱼苗投放、活鱼捕捞、死鱼收集等全过程的自动化、智能化,将复杂的养殖控制过程变得简单和准确,使养殖系统的日常操作仅需两人即可完成。"海洋渔场 1 号"自动化程度高,运营成本低,运营效率高(鱼群生长速度快,鱼苗投放、饲料投喂、成鱼收获等操作高效便捷),安全稳定,且鱼苗死亡率能控制在 2% 以内,经济效益非常显著。

"海洋渔场 1 号"结构图

"海洋渔场 1 号"的建造采用了国际先进的精度控制技术,将渔场的加工精度控制在毫米级水准;运用了精细的三维模拟技术,精准模拟了渔场结构的总组及搭载过程,以近似"堆积木"和"象鼻绣花"的精巧,实现了高空大型桁架结构的无余量精准对接,效果卓越。在项目管理上,工作人员创新采用了精确至"零件级"的可视化计划控制,大胆使用了全开放式高空悬挂脚手架工艺、超大型网衣高空安装工艺、上层建筑模块整体吊装工艺,并解决了全自动养殖装备首次实船安装调试等难题。同时,以 6S(即整理、整顿、清扫、清洁、素养、安全 6 个项目,由于 6 个项目的英文名称均以"S"开头,所以简称"6S")为导向的 HSE 管理体系(指健康、安全和环境三位一体的管理体系,HSE 为 Health、Safety、Environment 3 个英语单词的首字母组合)覆盖了项目全过程。

"海洋渔场 1 号"于 2016 年 5 月在青岛开工建造。2017 年 6 月 14 日,"海洋渔场 1 号"在青岛顺利完成起浮、移位、出坞、拖航及半潜船装运作业,整个作业过程一气呵成。面对"超大型桁架结构如何安全实现海运"这一难题,湖北海洋工程装备研究院为渔场创新设计了一套独特的运输装置,用于增强运输时渔场的平稳性,降低了运输过

正要下水的"海洋渔场 1 号"

程中渔场结构的疲劳响应，使直径为 110 米的渔场横跨在 43 米宽的半潜船上历经 81 天完成近 1.5 万海里的行程，安全抵达挪威弗鲁湾。"海洋渔场 1 号"的海运极富挑战性，而其成功的意义更是非凡：突破了近海湿拖及远洋半潜船运输关键技术，充分体现了我国海工企业尖端的科研水平、精细化的管理水平以及参与各方高度紧密的协同合作能力。

半潜船上的"海洋渔场 1 号"

在挪威海域被拖航的"海洋渔场 1 号"

　　"海洋渔场 1 号"的横空出世填补了世界渔业装备制造领域在科研和建造方面的多项空白。该装备的研发和建造为我国大型海上养殖装备产业的发展打下坚实的基础，为业界积累了宝贵经验，充分显示了我国海工装备制造企业在大型养殖装备方面高超的制造能力和技术优势，有力推动了我国海洋工程行业的发展。

智能鱼家——"德海1号"

"德海1号"是一座由板架结构浮体与桁架结构养殖区域混合构成的万吨级智能化深远海养殖渔场。2018年1月17日,"德海1号"正式开工建造。2018年9月2日,"德海1号"建成,经过40个小时的拖行后,被顺利投放至珠海万山枕箱岛海域,开展养殖试验。

"德海1号"

"德海1号"总长91.3米,宽27.6米,主体框架面积约为2100平方米,养殖水体体积可达3万立方米。渔场由主体结构、网衣、单点系泊系统及相关养殖配套装备组成。这是我国第一座具有完全自主知识产权的万吨级深远海养殖系统装备。"德海1号"通过半潜技术、桁架工艺技术、单点系泊技术、船舶设计技术等多种技术的综合应用,具有养殖场整体有限升降、提高养殖对象原生态品质和养殖成效、大幅降低养殖病虫害风险、破浪、挡流、抗干扰等功能。"德海1号"主要由养殖控制区、生产资料区、养殖区、生活区、新能源供给区等 5 部分组成,配备了养殖自动控制和数字化管理系统、数字化和自动化多路投喂专家决策系统、水下监视系统等先进装备系统,可实现无人驻守养殖。另外,"德海 1 号"整体刚性结构可 7 年内免维护,使用年限达 20 年以上。该渔场具有经济、实用、耐用、易维护等特点。与目前国外先进智能化养殖渔场相比,"德海1 号"渔场优势明显:每立方米养殖水体造价为 500~700 元,渔场优质鱼品年产量可达480 吨。随着我国深远海养殖产业的快速发展,"德海 1 号"智能化养殖渔场将助力我国乃至世界深远海养殖业的发展及深远海养殖技术装备产品的开发,推动海洋生态文明建设。

"德海 1 号"下锚地万山枕箱岛海域是科研团队反复筛选出来的,距离海岸线 32 千米,水深 20 米。因为每年都会遭受台风侵袭,当地渔民将这片海域称作"台风口"。

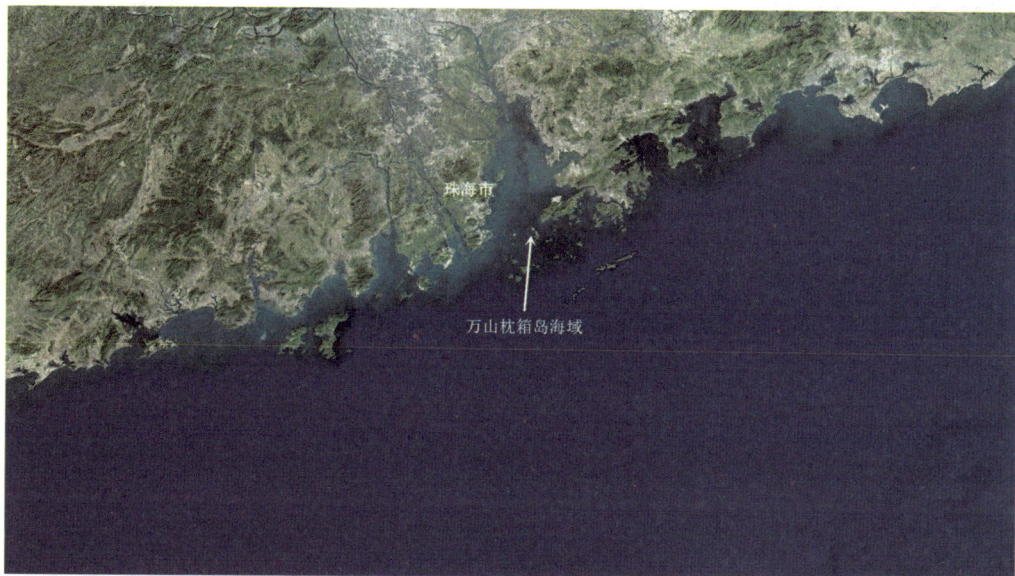

万山枕箱岛海域

2018 年 9 月 7 日于西北太平洋洋面上形成的超强台风"山竹"于 9 月 16 日在广东省登陆。"德海 1 号"所处海域最大风力为 17 级。"山竹"被称为 39 年来对珠三角地区影响最大的超强台风,破坏力惊人。中国水产科学研究院南海水产研究所的渔业工程专家深知"德海 1 号"结局难测,因为全球还没有一个悬浮式的大型深海网箱能够直面超强台风的巨大影响。"德海 1 号"上的监控设备成了专家们获取渔场情况的唯一途径。9 月 16 日上午 8 时 36 分,台风外围到达"德海 1 号"所在海域。海域风力为 7 级,风速为 11.07 米 / 秒,浪高 2 米,渔场上所有的踏板被风浪卷走。上午 11 时 40 分,台风本体到达"德海 1 号"所在海域。海域风力为 12 级,风速为 32.02 米 / 秒,浪高 4 米,"德海 1号"网衣被台风肆意挪动。下午 4 时左右,海域风力为 17 级,阵风风速超过 63 米 / 秒,导致监控设备被摧毁,"德海1号"情况不明。10多个小时后,"山竹"过境,专家团队立刻赶往万山枕箱岛海域,发现虽然渔场附属设备受损严重,但"德海1号"主体结构完整,养殖设施仍能正常运行。"德海1号"成为目前国际上唯一通过17级台风工况检验的深海渔场,实现了"箱不烂、网不破、鱼不跑"的终极愿景,为世界海水鱼类养殖树立了典范,为我国海水养殖业转方式、调结构提供了标准指引。

正被台风"山竹"影响的"德海1号"

为建造这座可以抵御超强台风的深海渔场,专家团队花费了整整6年的时间。6年来,他们做了大量水动力试验和计算机模拟试验,只为增强"德海1号"的稳定性。

从外形看,"德海1号"的桁架结构主要由横杆、侧柱和立柱等组建而成,便于水流的通过,减少了巨浪的冲击。"德海1号"拥有出色的稳定能力,不仅在于其框

"德海1号"的桁架结构

架为桁架结构,还在于它是一个可以漂移的渔场,使得网箱在风浪中可以移动,不与风浪对抗,在移动中逐渐化解风浪的力量。当然,"德海1号"并不是随便移动,而是始终围绕着一个圆心做运动,因为它被强大而稳定的力量牵引着。那么,到底是什么力量牵引着它,使它不至于被冲走呢?原来它采用了单点系泊系统,而其他类似的渔场多采用多点系泊系统。普通的深水网箱一般需要6个锚链固定,而用单个锚链系统来稳定大型深海网箱是"德海1号"制造团队的首创。单点系泊系统成为"德海1号"稳固的根基。同样稳固的还有包围鱼群的网衣:近1吨重的网衣被绳子牢牢固定在整个桁架里,即

使遭遇强风浪，依旧可以保持形状不变，避免了鱼群因网衣变形而受到损伤。可以说，桁架结构、单点系泊系统和网衣构成了结构强度更高的"德海1号"。

"德海1号"经历台风"山竹"后的状态

对大黄鱼和军曹鱼等南海主要品种试验养殖的结果表明："德海1号"中的试验鱼类生长迅速，饵料系数显著下降，经济效益凸显。2018年12月5日，工作人员早早登上了"德海1号"，因为首期投放的大黄鱼鱼苗即将到达，工作人员需要将鱼苗投放到渔场进行养殖。这是"德海1号"第一次投入生产，投放的每尾大黄鱼鱼苗重量只有0.15千克左右。最适宜大黄鱼生长的水温约为20℃，在当时投放鱼苗是保证其成活率的最佳时间。2019年4月10日，"德海1号"首批大黄鱼深远海养殖产量达7.5万千克，而未来"德海1号"带来的收获将不止于此。从追赶到超越，每一次对未知的探索、每一次对极限的挑战都让我国渔业装备技术和应用不断实现新的突破，让我国距离"耕海牧渔"的蓝色梦想越来越近。

智能环保——"振鲍1号""福鲍1号"

鲍鱼是海珍品之一,味道鲜美、肉质细嫩、营养丰富,被誉为"餐桌黄金、海珍之冠"。随着我国鲍鱼养殖业的快速发展,鲍鱼已逐渐"游上"寻常百姓的餐桌。说到鲍鱼养殖,就不得不说名声在外的连江县:世界鲍鱼看中国,中国鲍鱼看福建,福建鲍鱼看连江。

养殖的鲍鱼

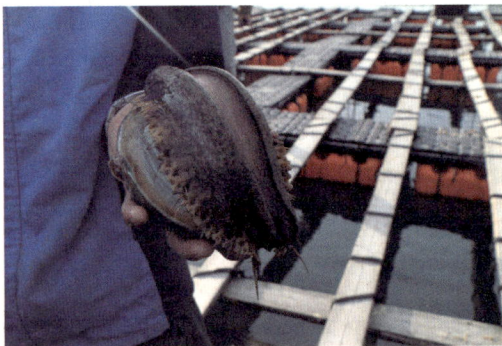

连江养殖的约半公斤重的大鲍鱼

连江县属于福建省福州市,海域面积约为 3112 平方千米,拥有丰富的海洋资源,是全国水产第二大县。连江县三面临海,地处南北寒暖流交汇处,海水盐度适中,溶解氧含量高,海域内岩礁众多、海藻繁茂、海水清澈,为鲍鱼生长提供了绝佳环境,被称为"中国鲍鱼之乡"。据统计,2018 年连江鲍鱼产量为 4.64 万吨,约占全国鲍鱼产量的 1/3。也就是说,全国每 3 只鲍鱼就有 1 只来自连江。1993 年,连江鲍鱼养殖还是采用"土方法",将塑料桶围上渔网,倒扣着吊在海带浮绳上。直到1996 年改良为现有的鲍鱼网箱,连江海上鲍鱼养殖才得以大规模铺开。

鲍鱼养殖网箱

连江某处鲍鱼养殖场

　　鲍鱼是海味之王，但十分娇气，对海域水温等要求非常高，水温必须保持在15℃~20℃。为增加鲍鱼产量，促进鲍鱼产业的发展，连江不断摸索，创新性地发明了"南鲍北养"的养殖模式（北上避暑，南下过冬），突破了鲍鱼养殖的季节限制：鲍鱼取苗后，先在南方（主要是福建）海域进行培育养殖，夏季通过活水运输船运至北方（主要是山东荣成）海域进行养殖，冬季到来后再运回南方养殖。如此一来，鲍鱼实现全年生长，缩短了养殖周期。"南鲍北养"模式较之传统养殖模式有四大优势：一是生长速度更快；二是成活率更

活水鲍鱼船正在吊装鲍鱼养殖网箱，即将开启南鲍北养的旅程。

高；三是产量更高；四是更健康，可以规避南方台风、赤潮带来的风险和污染，提高鲍鱼的品质和口感。

　　近几年来，近海养殖受沿海发展的影响，养殖区域不断缩小，但是国内对鲍鱼的需求量越来越大。同时，鲍鱼养殖需要每天清洗、喂养、检查鲍鱼生长情况，而且渔民每天都要将30多千克的网箱上下提起上百次，耗费大量人力，无法集约化、规模化发展。另外，目前我国鲍鱼养殖大部分使用传统的木制渔排，木头和泡沫遇到台风容易被冲散，

从而产生大量海漂垃圾。后期陆续使用的塑胶渔排虽缓解了海漂垃圾的产生，但是无法根治。在此情况下，鲍鱼养殖的机械化发展以及从近岸区域向深远海发展成为必然选择。

沉重的鲍鱼养殖网箱和辛苦劳作的渔民

2018年9月20日，经过积极探索、创新，全国首个深远海鲍鱼养殖平台——"振鲍1号"在连江苔菉镇东洛岛附近海域安装到位，标志着我国传统鲍鱼养殖方式技术难题得到解决，我国鲍鱼养殖迈上了一个新台阶。

"振鲍1号"

"振鲍 1 号"总长 24.6 米，宽 16.0 米，主要由浮体结构、养殖网箱、上部框架、水下框架、机械提升装置五大部分组成，可抵御 12 级台风侵袭，可容纳近 5000 个鲍鱼养殖箱，解决了传统养殖模式抗风浪能力差的问题。"振鲍 1 号"设有远程监控系统、水质监测系统、赤潮防护系统等，并充分考虑海上丰富的自然资源，引入风力发电系统，为鲍鱼养殖提供了绿色动力，节能环保。另外，利用"振鲍 1 号"这一机械化养殖平台，仅 2~3 人即可创造年产鲍鱼 12 吨的"神话"，大大节约了人力成本。"振鲍 1 号"引领鲍鱼养殖向深远海进军，将鲍鱼养殖空间从 200 米的近海区域向 3 海里外推进，拓展新的养殖空间，提升养殖鲍鱼的品质，将传统浅海养殖模式转变为规模化、智能化、先进高效的养殖模式。

"振鲍 1 号"内景

"振鲍 1 号"中的鲍鱼养殖笼

2019 年，深远海鲍鱼养殖平台"福鲍 1 号"顺利抵达连江县苔菉镇东洛岛海域进行锚固工作，与附近海域的"振鲍 1 号"共同为当地鲍鱼养殖行业服务。

在海洋中相伴的"振鲍 1 号"（右）和"福鲍 1 号"（左）

"福鲍 1 号"可以说是"振鲍 1 号"的升级版,主要由甲板箱体结构、底部管结构、浮体结构、立柱结构、养殖网箱、机械提升装置等 6 部分组成,为钢质全焊接结构。

"福鲍 1 号"长 37.3 米,宽 33.3 米,设计吃水深度为 6.6 米,重约 1000 吨,平台总面积达 1228.4 平方米。与全球首个深远海鲍鱼养殖平台"振鲍 1 号"相比,"福鲍 1 号"的平台面积是"振鲍 1 号"的 3 倍。"福鲍 1 号"可以抵御 12 级以上台风的侵袭,适用于在水深 17 米以上、离岸距离不超过 10 海里的海域作业,预计年产鲍鱼约 40 吨。

"福鲍 1 号"

"福鲍 1 号"拥有 72 个钢质鲍鱼养殖框和 1.5 万个白色养殖笼,可容纳 12960 屉鲍鱼。虽然与"振鲍 1 号"造价相差不大,但是"福鲍 1 号"比"振鲍 1 号"养殖面积大了 2 倍,养殖框数量也比"振鲍 1 号"多,更利于规模化养殖。同时,与"振鲍 1 号"一样,"福鲍 1 号"在平台上配备了用于风能和太阳能发电、水质监测、视频监控、数据无线传输、增加溶解氧等的先进设备,以利于其深远海规模化养殖。

"福鲍 1 号"的框架结构及养殖框、养殖笼

　　"福鲍 1 号"的电力来源是风力发电和太阳能发电,可以给船上的监控系统 24 小时不间断供电。船上的水质监测系统可以监测海水的 pH 值、电导率、溶解氧,并将监测数据实时无线传输至岸上,传输距离不少于 5 千米。另外,水质监测系统在溶解氧数据低于设定参数时会自动报警,届时船上的增氧装置将启动,给养殖框里面的海水增氧。

　　"福鲍 1 号"和"振鲍 1 号"的投入使用是我国鲍鱼深远海养殖规模化发展迈出的坚实一步,标志着我国鲍鱼养殖开始向规模化、智能化、先进化、高效化发展。

养殖工船——深远海智慧渔业工厂

2018 年 6 月 15 日，船舶工业和水产养殖两大领域、"产学研政金" 5 个系统的 26 家单位齐聚上海南汇新城，参加由上海崇和实业集团有限公司参与投资的国内首个深远海智慧渔业工厂项目在临港的签约仪式。该项目以智能化船舶养殖加工平台为核心，在深远海空间进行工业化水产养殖，既是扩展海洋空间、升级装备技术的"强国战略"，又是保障食品安全和解决蛋白质资源紧缺问题的"中国方案"。

深远海智慧渔业工厂可提供近 8 万立方米的养殖水体。区别于传统的网箱生产模式，该工厂能在 12 级台风下安全生产。该工厂的单个养殖加工平台可年产万吨以上的三文鱼，产值超过 10 亿元，且其模式具有很好的复制性；其养殖品种可以扩展到金枪鱼、大黄鱼等；工厂产业链可以向海洋保健食品、海洋生物制药等领域延伸。深远海智慧渔业工厂在提供高品质海产品的同时，也将成为"海上丝绸之路"的重要驿站和"屯渔戍边"的载体。

深远海智慧渔业工厂项目是连接"海–岛–陆"、陆海统筹的新型渔业生产模式，核心为养殖加工平台及陆上繁育孵化、精深加工产业基地。该项目将构建集智能化育种、工业化养殖、海上物流通道和精深加工为一体的渔业"养–捕–加"综合生产系统。

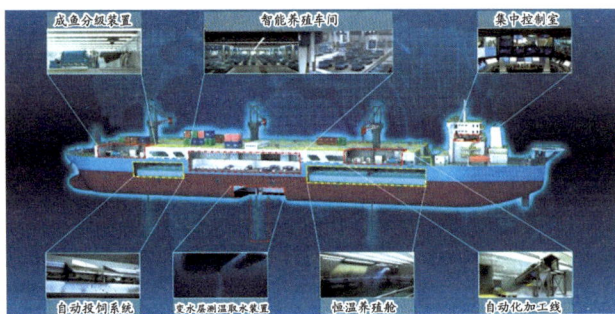

深远海智慧渔业工厂模式图

该项目融合了生物学、工程学、特种海工装备等多学科技术，将推动我国传统近海作坊式养殖方式向工业化、可追溯、绿色化、智能化养殖方式的转变。

第五章 "放牧"海中央

"天苍苍，野茫茫，风吹草低见牛羊。"草原上一派生机勃勃的景象常常令渔民艳羡，因为他们也希望海洋能像草原一样牧渔放歌。随着国民经济的快速发展和人民生活水平的提高，人们对优质海产品的需求不断增加。然而，传统粗放式渔业生产方式已导致我国大多数海域生态受损，随之而来的是水产生物病害严重、养殖环境恶化等问题，严重制约了我国海水养殖业的健康可持续发展。为创新现代海洋渔业生产模式，实现生态健康、环境友好、资源养护，保障人海和谐发展，海洋牧场应运而生。

人海和谐——海洋牧场

海洋牧场是指基于海洋生态系统原理,在特定海域通过建立人工鱼礁、增殖放流等措施构建或修复海洋生物繁殖、生长、索饵或避敌所需的场所,能够增殖养护渔业资源,改善海域生态环境,实现渔业资源的可持续利用。

海洋牧场中的海洋应该是"绿水青山"、鱼虾蟹贝藻参应有尽有、海洋生物自由繁衍生活的蔚蓝家园。简单来说,建立海洋牧场就是人类通过投放人工鱼礁等方式在海底建"房子",让海洋生物有栖息繁殖场所,通过种植海藻、海草等改善海底生态环境,通过增殖放流丰富和恢复海洋生物资源,同时结合鱼类行为驯化技术间接控制鱼类行为,最终实现滩净岸美、水清见底、藻草葱郁、虾壮鱼肥的目标。

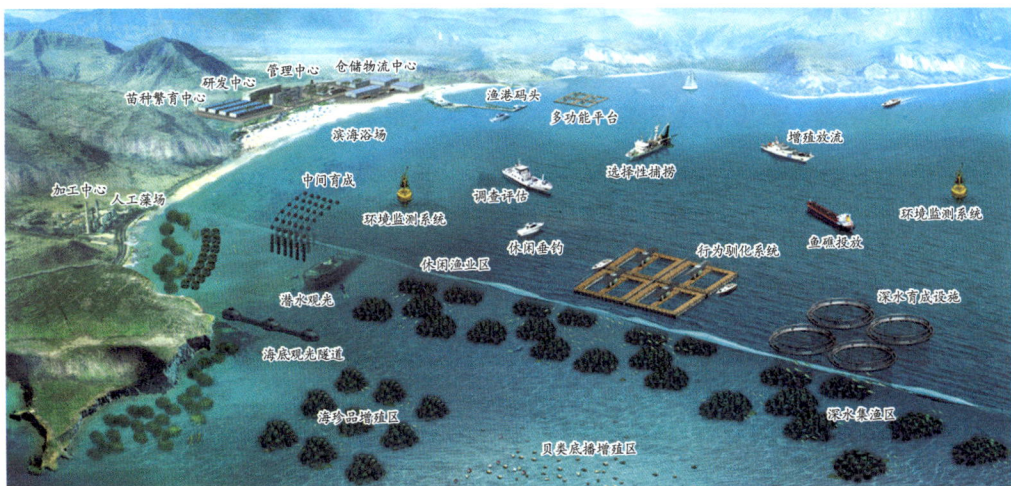

海洋牧场概念图

由于海洋牧场可观的生态价值和经济效益,我国提出大力发展建设海洋牧场的政策方针。

2006 年,国务院发布《中国水生生物资源养护行动纲要》,提出要积极推进海洋牧场建设,明确将建设海洋牧场作为渔业资源增殖与养护的行动之一。

2013 年 7 月,农业部发布《关于贯彻落实〈国务院关于促进海洋渔业持续健康发展的若干意见〉的实施意见》,再次强调要加强渔业资源调查评估和养护,大力保护渔业水域生态环境,加强海洋牧场建设。

2017 年中央一号文件指出:要完善江河湖海限捕、禁捕时限和区域;要科学有序开发滩涂资源,支持集约化海水健康养殖,发展现代化海洋牧场,加强区域协同保护,合理控制近海捕捞；要积极发展远洋渔业，建立海洋渔业资源总量管理制度，规范各类渔业用海活动，支持渔民减船转产。

2018年中央一号文件指出：要统筹海洋渔业资源开发，科学布局近远海养殖和远洋渔业，建设现代化海洋牧场；要建立产学研融合的农业科技创新联盟，加强农业绿色生态、提质增效技术的研发应用。

2018年，习近平总书记在庆祝海南建省办经济特区30周年大会上提出：海南是海洋大省，要坚定走人海和谐、合作共赢的发展道路，提高海洋资源开发能力，加快培育新兴海洋产业，支持海南建设现代化海洋牧场，着力推动海洋经济向质量效益型转变；要发展海洋科技，加强深海科学技术研究，推进"智慧海洋"建设，把海南打造成海洋强省。

2018年6月，习近平总书记在山东视察时，就海洋牧场建设作出重要指示，指出"海洋牧场是发展趋势，山东可以搞试点"，为海洋渔业发展指明了方向。

2018年10月25日，农业农村部召开全国海洋牧场建设工作现场会，深入学习贯彻习近平总书记关于做好"三农"工作的重要论述，特别是关于海洋牧场建设的重要指示精神，并提出"力争到2025年建设178个国家级海洋牧场示范区[《农业农村部办公厅关于修订〈国家级海洋牧场示范区建设规划（2017—2025年）〉的通知》将我国到2025年要创建的国家级海洋牧场示范区的数量修订为200个]，到2035年基本实现海洋渔业现代化"的目标。2015年11月17日，原农业部发布公告，批准天津市大神堂海域等20个海洋牧场为第一批国家级海洋牧场示范区。2020年12月25日，农业农村部发布公告批准河北省秦皇岛香溪河海域海之洋等26个海洋牧场为第六批国家级海洋牧场示范区。截至2020年底，我国已批准了136个国家级海洋牧场示范区。我国海洋牧场建设已形成一定的规模，经济效益、生态效益和社会效益日益显著，加强了现代渔业建设，促进了海洋生物资源与生态环境养护。

国家级海洋牧场示范区名单（第一批）

序号	国家级海洋牧场示范区名称	海域面积（公顷）
1	天津市大神堂海域国家级海洋牧场示范区	2360
2	河北省山海关海域国家级海洋牧场示范区	820
3	河北省祥云湾海域国家级海洋牧场示范区	533
4	河北省新开口海域国家级海洋牧场示范区	581
5	辽宁省丹东海域国家级海洋牧场示范区	1400
6	辽宁省盘山县海域国家级海洋牧场示范区	667
7	大连市獐子岛海域国家级海洋牧场示范区	2196
8	大连市海洋岛海域国家级海洋牧场示范区	600

序号	国家级海洋牧场示范区名称	海域面积（公顷）
9	山东省芙蓉岛西部海域国家级海洋牧场示范区	10700
10	山东省荣成北部海域国家级海洋牧场示范区	676
11	山东省牟平北部海域国家级海洋牧场示范区	1216
12	山东省爱莲湾海域国家级海洋牧场示范区	623
13	青岛市石雀滩海域国家级海洋牧场示范区	867
14	青岛市崂山湾海域国家级海洋牧场示范区	500
15	江苏省海州湾海域国家级海洋牧场示范区	4000
16	浙江省中街山列岛海域国家级海洋牧场示范区	4180
17	浙江省马鞍列岛海域国家级海洋牧场示范区	6960
18	宁波市渔山列岛海域国家级海洋牧场示范区	2250
19	广东省万山海域国家级海洋牧场示范区	31200
20	广东省龟龄岛东海域国家级海洋牧场示范区	2028

青岛市崂山湾海域国家级海洋牧场示范区通过在海底建立管状礁、方形礁、石块礁促进资源的自然增殖。

世界海洋牧场的历史变迁

"海洋牧场"一词最早提出于1971年的日本。1973年，日本在冲绳国际海洋博览会上提出：为了人类的生存，应在人类的管理下，谋求海洋资源的可持续利用与协调发展。1978—1987年，日本开始在全国范围内全面推进"栽培渔业"计划，并建成世界上第一个海洋牧场——日本黑潮海洋牧场。20世纪90年代初，日本开始进行音响驯化型海洋牧场的研究，即利用鱼类对声音的敏感反应，通过在水下播放固定频率的声音，结合投放饵料，来控制鱼类的行为。另外，日本还针对本国50多种海洋经济生物进行繁育养殖研究，结合之前的研究成果，最终在种苗繁育、增殖放流、人工鱼礁设计、选择性捕捞网具开发设计、海域环境监测评估等的技术研究与应用方面走在世界前列。近年来，日本开始对深水区域的海洋牧场展开研究，同时开展深度超过100米、以诱集和增殖中上层鱼类和洄游性鱼类为主的大型和超大型人工鱼礁的建设，效果良好。

韩国的海洋牧场建设开始于 20 世纪 90 年代。1994—1996 年,韩国进行了建设海洋牧场的可行性研究。1998 年,韩国开始实施"海洋牧场计划":先在其东部海域、南部海域和西部海域建设示范基地,并在示范基地进行相关重点试验,探索建设海洋牧场的重要经验,待相关技术成熟后向全国推广。韩国建设海洋牧场的过程可以分为 3 个阶段:成立基金会和管理委员会,明确管理机构、研究机构、实施机构的职能;增殖放流各种渔业资源;对海洋牧场进行后期管理和建设结果分析。韩国重点研究了生态学特性与建设模式设定、生境的改善、鱼类增殖、海洋农牧化使用和管理等 4 个方面的海洋牧场相关课题,其核心成果包括 4 个方面:海岸工程及人工鱼礁技术,鱼类选种、繁殖及培育技术,环境改善和生境修复技术以及海洋牧场的管理经营技术。通过建设海洋牧场,韩国海洋牧场示范区渔业资源改善效果显著,当地渔民收入不断增加。目前,韩国以全海岸海洋牧场化为海洋牧场建设最终目标,拟通过示范区的建设不断优化各项技术体系,然后一步步在其他地区推广。

美国建设海洋牧场主要依靠渔民、社会团体、企业等三方的大力支持。各地政府采取"有钱出钱,有物出物,谁出钱、谁管理、谁受益"的投资模式,大大促进了海洋牧场的建设进程,保障了海洋牧场的建设效果。1935 年,一个热衷海洋捕捞的组织在新泽西州梅角海域建设了世界上第一座现代意义上的人工鱼礁。该组织建设人工鱼礁的措施促进了当地垂钓业和捕捞业的发展,使得当地渔民收入大幅提高,具有明显的社会效益和经济效益。1974 年,美国在加利福尼亚海域建立了小型海洋牧场,其投礁材料从碎石、废旧汽车扩展到废弃轮船、废旧石油平台等,使得渔业资源数量明显增多,经济效益良好。

利用废弃轮船建立的人工渔礁

我国的海洋牧场建设理念始于 20 世纪 40 年代。当时，我国海洋生物学家朱树屏提出"水是鱼的牧场"理念，倡导"种鱼与开发水上牧场"。1965 年，曾呈奎院士提出必须大力研究重要种类的生物学特性及其在人工控制条件下的生长、发育、繁殖情况，以解决人工养殖的一系列问题，培育新的优良品种，使海洋成为藻类和贝类的农场、鱼虾的牧场，达到耕海的目的。1978 年，曾呈奎院士提出我国海洋牧场建设构想，即在近岸海域实施"海洋农牧化"，并将"海洋农牧化"定义为：通过人为的干涉改造海洋环境，以创造经济生物生长发育所需的良好环境条件，同时对生物本身进行改造，提高它们的质量和产量，把我国海域改造成高产稳产的海洋农牧场。20 世纪 90 年代，我国学者在海洋牧业的基础上吸收了日本等国学者的思想，更加明确地定义了海洋牧场。

1999 年，陈勇教授结束日本留学回到大连海洋大学，充分发挥自身专业特长，就辽宁省及全国海洋渔业资源衰退和环境恶化等问题，带领团队开展海洋牧场技术与管理等方面的研究工作，为我国海洋牧场事业的开拓和发展打下了坚实的基础。陈勇教授结合在日本留学期间的学习和研究成果，在国内本科生和研究生课程中率先讲授有关海洋牧场原理与海洋牧场工程技术的知识，为我国海洋牧场事业发展储备了人才力量。2006 年，陈勇教授及其团队在国内率先成立省级海洋牧场工程技术研发平台——辽宁省海洋牧场工程技术研究中心。该中心是我国第一个以海洋牧场为研究对象的研发平台。

2008 年，我国有关海洋牧场的国家级研究课题——国家海洋公益性行业科研专项经费项目"基于生态系统的海洋牧场关键技术研究与示范"通过国家海洋局立项。相关科研院所在大连獐子岛海域开

大连獐子岛海域

展了海洋牧场关键技术的研发、集成应用与示范。经过 4 年的项目实施，示范区内的环境得到修复与优化，刺参、海胆、皱纹盘鲍、大泷六线鱼、许氏平鲉等底栖海珍品资源得到有效恢复，增殖效果显著。獐子岛海洋牧场示范区取得了显著的生态、经济和社会效益，受到行业内广泛的关注与好评。这是我国现代化海洋牧场建设实践的开始。项目

研发成果总体达到国际先进水平，其中环境友好型人工鱼礁材料的开发等技术达到国际领先水平。成果获得多项奖励，促进了现代化海洋牧场建设理念在国内形成共识的进程。

从国内外的海洋渔业现状与发展趋势看，现代化海洋牧场实现了从传统渔业向现代渔业、从资源消耗型渔业生产方式向资源管理型渔业生产方式的转变。现代化海洋牧场区别于传统的捕捞、养殖和增殖活动，也区别于网箱、浮筏、养殖工船等海上养殖场，是一项集环境修复、资源增殖、环境友好型选择性采捕等技术，贯穿一、二、三产业全产业链，以促进优质野生资源的恢复、增殖与可持续利用为最终目标，全程贯穿人为管理的系统生态工程。

人工鱼礁中的生物

功能多样

海洋牧场的作用逐渐被世人认知，其主要功能如下：

水产品生产功能。水产品生产功能是海洋牧场的基本属性，主要表现在为社会提供优质的水产品，满足人类生存和发展的食物需要，并为相关产业发展提供生产资料。优质水产品对改善我国居民的膳食结构、维护社会经济稳定等具有重要作用。海洋牧场建设的主要目的是建设适宜水生生物栖息繁衍的场所，以利于渔业资源的恢复，增加目标生物的生物量，保证渔业资源的可持续、循环利用。

生态环境保护修复功能。生态环境保护修复功能可以说是海洋牧场具有的天然属性。因为水生生物和水体本身就是水域生态环境的主要因子，所以海洋牧场本身就有生态功能。海洋牧场通过投放人工鱼礁、建设海藻（草）场、增殖放流等手段，恢复水生生物资源，保护水域生物多样性。同时，海洋牧场具有固碳、减磷的作用。

文化休闲功能。文化休闲功能是海洋牧场衍生的一个功能，主要表现在海洋牧场对休闲渔业和传承文化多样性等方面的作用上。渔业具有悠久的历史，许多渔业活动本身就是历史文化的产物和传承，而海洋牧场是渔业发展到一定时期的产物，蕴含丰富的文化元素。在建设海洋牧场时，开发多种形式的文化休闲服务有利于人们审美情趣的提高和身心的放松，有利于人与自然的和谐发展。

社会经济功能。社会经济功能是海洋牧场的一个基本功能，主要表现为繁荣渔业经济、促进渔业和渔村经济结构的调整和优化。渔业在农业各产业中具有明显的比较优势，比较效益高，就业增收作用明显，能够在维护农村社会稳定和缓解水产品市场需求与资源不足的矛盾等方面发挥作用。海洋牧场是渔业的一个组成部分，是实现三产融合的新型业态，其社会经济功能比传统渔业更大。"渔权即海权，海权即主权。"海洋牧场的建设将有利于维护我国领土主权和扩大我国渔业国际交流与合作。

生物的海底屋舍

人工鱼礁是指人为制造的适合鱼类等海洋生物聚集、繁殖的海洋工程设施。人工鱼礁可以为海洋鱼类提供生长、繁殖、栖息的适宜环境，达到保护、增殖渔业资源并改善区域海洋生态环境的目的。面对日益恶化的海洋生态环境和急剧减少的渔业资源，科学合理地发展、建设人工鱼礁势在必行。

人工鱼礁是怎样发挥作用的呢？首先，放置在海底的人工鱼礁使海流向上运动，形成上升流，把海底的营养物质带到表层，促进浮游生物大量繁殖，进而吸引鱼、虾等海洋动物前来觅食。其次，人工鱼礁能够给海洋生物提供躲避风浪和天敌的场所，而且鱼礁周围的"阴影区域"能给许多海洋生物提供栖息场所和活动空间。最后,人工鱼礁礁体表面积大,可以给海洋生物提供附着基,使它们有较充足的空间繁衍、生长、觅食。

人工鱼礁效果图

第二次世界大战后,美国扩大了人工鱼礁建设的范围,并且在政府的积极引导下于 20 世纪 70 年代掀起了建设人工鱼礁的浪潮。经评估,人工鱼礁区渔业生产力大大高于自然海区的生产力,因此人工鱼礁的建设促进了美国垂钓业、游钓船行业的快速发展。日本较早地开展了对人工鱼礁的建设,是目前人工鱼礁建设规模最大、技术水平最高的国家。日本从人工鱼礁的机理、结构、材料和工程学原理出发,建造不同类型的鱼礁,如普通型人工鱼礁、大型鱼礁和人工鱼礁场等。目前,日本又将研究重点转向更环保的贝壳型鱼礁及更大型的高层鱼礁。

我国人工鱼礁的开发和利用历史悠久。早在明代嘉靖年间,我国广西北海一带的渔民就知道在海中通过设置竹篱来诱集鱼群,以利于捕捞作业;清代中叶,我国沿海渔民通过在海中投放石头、破船和竹木栅栏等物吸引鱼群,以利于捕捞作业。这些实际上就是我国早期的"人工鱼礁"。我国现代意义上的人工鱼礁建设起步较晚,开始于 20 世纪 70 年代末。1979 年,广西水产厅在北部湾投放用混凝土制成的人工鱼礁,拉开了我国海洋牧场建设的序幕。1983—1984 年,中央领导对我国沿海发展人工鱼礁建设及增殖水产资源作了重要指示,并将人工鱼礁列入国家经贸委开发项目。1987 年,我国人工鱼礁建设已经扩展至辽宁、河北、山东、江苏、福建、广东、广西、海南等省,共计投放人工鱼礁约 28000 个,体积约 89010 立方米。然而,在整个 20 世纪 90 年代,由于资金投入不足,我国人工鱼礁建设停滞不前。直到 21 世纪初,我国才重新开始建设人工鱼礁。全国沿海地区积极通过多项措施引导人工鱼礁的发展,我国人工鱼礁至此迎来黄金发展期。那么,建设人工鱼礁的意义何在呢?

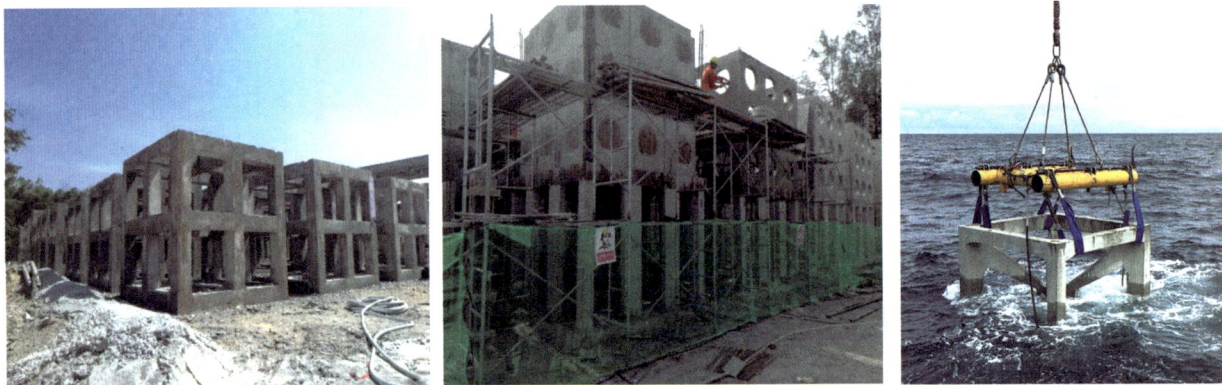

人工鱼礁的建造、投放

建设人工鱼礁有利于改善海洋环境。随着我国城镇化的快速发展,大量的工业废水和生活废水被排入海洋,使得近海环境污染十分严重,目前频发的赤潮现象就是海洋污染所致。人工鱼礁能利用各种营养物质的循环关系、各种生物与环境的关系形成一种和谐互利的生态环境,促进生物多样性的形成。不同材料和不同构造形式的人工鱼礁能为多种微生物等提供附着基,形成天然的生态系统。同时,礁区形成的上升流、涡流等有利于海水的循环。久而久之,人工鱼礁就能改善区域内的海洋生态环境。

建设人工鱼礁有利于增殖渔业资源。过度捕捞是造成海洋渔业资源退化的主要原因。我国虽然通过实行禁渔区、禁渔期、休渔期、自然保护区等制度在很大程度上限制了过度捕捞,但还是无法从根本上解决资源恢复问题。投放人工鱼礁不仅能对鱼类等海洋生物起到聚集效应,还能形成海洋上升流,使海洋底层的营养物质涌升到上层,促进海洋生物的生长繁殖。因此,人工鱼礁成为恢复日益退化的海洋渔业资源的有效途径。同时,投放人工鱼礁的区域属于确权海域,由企业或渔民看管,外来船只不得进入,而且拖网船、围网船等渔船无法在投放人工鱼礁的区域内用网具捕鱼,达到了禁渔的目的。

建设人工鱼礁有利于发展生态海洋产业。以人工鱼礁建设为核心,在特定海域有计划地培育和管理渔业资源,营造适合海洋生物生长与繁殖的生境,同时根据海区情况设置可以固着藻类的环境改善型礁体或用于休闲渔业的游钓鱼礁,能带动海洋生态旅游的发展。另外,人工鱼礁投放数量到达一定程度后,在海面上就有可能形成独特的人工型生态岛。在建设人工型生态岛方面,国际上已有许多成功案例。例如:新加坡的实马高岛公园是一座利用人造构筑物建设的旅游岛,拥有先进的垃圾处理设备,生态环境优美,覆盖多种植被,已成为海洋鸟类与鱼类栖息的天堂。因此,通过扩大人工鱼礁投放规模、科学规划,能够逐步建设形成拥有丰富渔业资源、鸟类资源、生态景观及旅游设施的人工岛屿,从而取得经济效益与生态效益的双赢。

新加坡实马高岛公园

海洋牧场因地制宜,特色发展

海洋牧场具有不同的类型,这一点和陆地的牧场很相似。在陆地牧区,一家牧民常有多个牧场,并根据地理条件和牧草生长等情况将牧场分为春季牧场、夏季牧场、秋季牧场或冬季牧场。关于海洋牧场的类型,国内外还没有统一的定论。我们认为海洋牧场应该有以下3种类型:

养护型海洋牧场:是以保护和修复生态环境、养护渔业资源或珍稀濒危物种为主要目的的海洋牧场,包括河口养护型海洋牧场、海湾养护型海洋牧场、岛礁养护型海洋牧场、近海养护型海洋牧场等。

增殖型海洋牧场:是以增殖渔业资源和产出渔获物为主要目的的海洋牧场,包括鱼类增殖型海洋牧场、甲壳类增殖型海洋牧场、贝类增殖型海洋牧场、海藻增殖型海洋牧场、海珍品增殖型海洋牧场等。

休闲型海洋牧场:是以休闲垂钓和渔业观光等为主要目的的海洋牧场,包括休闲垂钓型海洋牧场、渔业观光型海洋牧场等。

海洋牧场放牧海滨

为贯彻生态文明建设战略部署，推动现代化海洋牧场建设，促进海洋生物资源恢复与环境修复，我国大力推动海洋牧场示范区建设。目前，我国批准建设的国家级海洋牧场示范区分布于辽宁、山东、天津、河北、江苏、浙江、上海、福建、广东、广西等沿海地区。

大连市獐子岛海域国家级海洋牧场示范区

大连市獐子岛海域国家级海洋牧场示范区位于北黄海的大连獐子岛海域，覆盖海域面积达 1600 平方千米。该海洋牧场以出产虾夷扇贝、刺参、鲍鱼、海螺、海胆等绿色健康的海珍品闻名全国。

该示范区坚持"研究良种、生产良种、经营良种"的发展思路，利用现代育种技术和新品种育种开发技术不断生产出各类优质海珍品苗种；在确权海域进行了功能区划，主要包括虾夷扇贝增殖区、鲍鱼增殖区、刺参增殖区等，实现了产业和生态的和谐发展；遵循"生态是有生命的"文化理念，利用物理与生物相结合的方法、技术设置人工鱼礁，营造海藻（草）场，修复与优化海珍品生活栖息场所。

獐子岛利用其得天独厚的地理优势和优越的自然环境，通过海洋牧场的建设，使渔业资源状况得到很大改善，具有示范意义。另外，獐子岛海域自然条件优越，许氏平鲉、大泷六线鱼、鳕鱼等鱼类数量多、个头大，是发展潜力很大的钓场。

海洋牧场增殖效果图

青岛市崂山湾海域国家级海洋牧场示范区

青岛市崂山湾海域国家级海洋牧场示范区位于国家 5A 级风景区——仰口风景区海域内,是我国首批国家级海洋牧场示范区。示范区秉承"功在当代,利在千秋"的发展理念,底播增殖大量海参、鲍鱼、魁蚶等苗种,增殖放流数万尾黑鲷、牙鲆等恋礁性鱼类,并开展太平洋生蚝、栉孔扇贝等海洋生物的水面网箱养殖。青岛市通过大力建设海洋牧场,促进了生物资源的自然增殖,实现了高生物量状态下的生态平衡,为各种海洋生物资源的修复和增殖创造了条件。

崂山湾一角

另外,该示范区在海洋牧场建设项目的基础上,依靠优越的地理位置,大力发展海钓休闲渔业,紧密结合崂山风景区的"游山""民宿"等项目,成立了青岛海泉休闲俱乐部、崂山湾狮子岛省级休闲海钓钓场等,加速推进休闲渔业的发展。崂山湾海域国家级海洋牧场示范区在实现渔业可持续发展、调整渔业产业结构、增加渔民收入等方面起到了带头示范作用。

投 礁

海 钓

海南省蜈支洲岛热带海洋牧场

蜈支洲岛坐落于三亚市北部的海棠湾内,北与南湾猴岛遥遥相对,南邻亚龙湾,距三亚市中心约30千米。全岛呈不规则的蝴蝶状,面积约为1.48平方千米,东西长约1500米,南北宽约1100米,海岸线全长约5700米,其南部最高峰海拔约为79.9米。蜈支洲岛具有丰富、独特的热带海岛旅游资源。

蜈支洲岛

蜈支洲岛海洋牧场主要以修复海洋生态环境为目的,以增加海洋生物多样性为手段,以提高海洋生态系统稳定性为宗旨,最终通过"海洋牧场 + 旅游"的方式开展潜水、海钓等项目获得经济效益,实现生态效益、社会效益和经济效益的共赢。

蜈支洲岛海洋牧场的建设共分两期,计划总投入资金1.4亿元。截至目前,蜈支洲岛海洋牧场已投放混凝土人工鱼礁1526个,船型礁21艘;建设珊瑚苗圃2个,移植珊瑚断枝38497株,苗圃面积达3.8万平米。目前,蜈支洲岛海洋牧场人工鱼礁礁体表面附着的珊瑚、贝类、藻类等生物种类达120多种,鱼礁区鱼类数量比非鱼礁区高5~10倍。

实时管家

海洋牧场环境监测及水下生物养殖实时监测是现代海洋牧场建设的重要方向。当今是"互联网""大数据"时代,随着计算机技术、网络技术、传感器技术的发展,以浮标平台为载体、以无线网络为传输通道的无线网络传感器水质监测技术取得了较大的进展且已普及应用。但是,这种技术主要针对池塘、水库等小范围水域,针对大尺度的海洋水域的监测技术还在不断探索之中。

海洋牧场的可视化、智能化、信息化建设已成为必然,"智慧海洋牧场"应运而生。智慧海洋牧场是指在海洋牧场建设中通过引入物联网、传感器、云计算等新技术,得到的高度智能化、数字化、网络化和可视化以及具有更高生产效率、环境亲和度和抗风险能力的新型海洋牧场。智慧海洋牧场的建设需要通过开发获取海洋信息的终端设备、信息平台等,将"互联网+"和"物联网+"等进行融合,并不断进行增养殖技术和管理的创新,以形成智能、高效、优质的海洋牧场,实现海洋牧场各要素的全面感知和互联互通,实现海洋牧场运行和管理的智慧环境,实现人与自然的和谐共生。

"海洋1号"—— 智慧海洋牧场的探索

"海洋1号"监测平台管理系统是大连市现代海洋牧场研究院基于海洋牧场的可视化、智能化、信息化管理而自主设计研发的智慧海洋牧场管理平台。平台搭载多种监测仪器和传感器,可对海洋生态环境及生产运营状况等信息进行实时采集和数据分析。"海洋1号"监测平台管理系统能实时监测海洋牧场的水质、水文、气象、鱼群动态、安全状况等信息,能通过雷达、水上视频监控和安防设施对海洋牧场的生产安全进行有序管理,能通过水下视频监控对人工鱼礁区、底播增殖区、养殖网箱等水下目标实时监测,实现了海洋牧场的可视化、智能化、信息化管理。

"海洋1号"实物图

"海洋1号"监测平台管理系统由12个部分组成,分别为系统搭载平台、供电系统、通信系统、雷达报警系统、水质自动监测系统、水文监测系统、鱼类行为控制系统、鱼类行为监测系统、气象监测系统、水上视频监控系统、人工鱼礁可视化视频监控系统、管理控制中心系统等。

系统搭载平台：采用了钢结构设计、热镀锌工艺、熔透焊缝技术，防腐等级高。平台由各模块拼接组装而成，可扩展并兼顾垂钓功能，其浮体材料全部采用玻璃钢。平台主要依靠锚链进行固定，长13米，宽13米，带有防护栏杆，其上可配备控制室。

供电系统：利用太阳能电池方阵、风力发电机发电。该系统将太阳能电池方阵、风力发电机发出的电能储存到蓄电池组中，通过逆变器将直流电转变为交流电供平台设备使用。该供电系统弥补了风电和光电独立系统的缺陷，既可实现昼夜互补（白天利用太阳能电池方阵和风力发电机发电，夜晚则利用风力发电机发电），又可实现季节上的互补（夏季因日照强烈而主要用太阳能电池方阵发电，冬季因风能强盛而主要用风力发电机发电）。因此，该供电系统大大提高了平台用电的稳定性。

通信系统：海上通信具有基站距离远、信号衰减严重、海面环境复杂、施工困难等特点。结合实际应用场景，该系统有多套适合不同用户需求的通信解决方案，根据覆盖范围分为近距离覆盖、中距离覆盖、远距离覆盖3种情况，可实现视频监控数据回传、实时监测数据回传、语音集群调度、远程移动办公及工作人员安全定位等。作为内陆传输网络的延伸，系统的基站可安装在沿海县（市）沿岸地区，通过地面专线方式接入海域专网，实现海域和陆地、海域和船只、海上船只及岛屿之间的通信，也可作为海上资源开发管理、海上监测监管等海上信息化建设的基础设施，为海洋信息化发展提供保障。

雷达报警系统：通过结合海图信息，实现对自有海域的全方位精确管控。该系统应用先进的目标分析技术，以雷达为主要传感器，实现了在无人值守、恶劣天气（雨、雾）情况下对目标的主动探测，并能够持续对目标进行自动跟踪、报警、记录。该系统能有效提高对监控目标的准确识别能力，可以显示全部已探测到的目标信息，包含雷达视频、目标运行轨迹、航向等。该系统采用网络化信息技术，具有目标数据实时存储、调阅回放功能，提高了应急处置的及时性和准确性。

水质自动监测系统：由传感器单元、数据采集单元两部分组成。其中，传感器单元可以监测水温、电导率、盐度、浊度、叶绿素等指标；数据采集单元可以实现对数据的闪存。整个系统坚固、抗腐蚀，即使在恶劣的环境中也能正常运行。

水文监测系统：配备有声学换能器，能对海洋牧场内的水体进行高精度的流速测量。系统通过顶端的水密连接器由外部直流电源供电，可采集、输出并存储瞬时流速数据以及罗盘数据、温度数据和其他传感数据。该系统与水质自动监测系统同步运行，可实时获取海洋牧场的水文剖面数据。

鱼类行为控制系统：是利用水声学原理发明的一套先进、科学、有效的鱼类行为控制系统。该系统能够驯化和控制鱼类的行为，实现对海洋牧场内主要鱼类资源的动态管理。海洋牧场良好运行的关键是能够吸引鱼群到达牧场，使鱼类在人工设计的良好环境中生活。结合海洋牧场内人工鱼礁对鱼类的诱集作用，鱼类行为控制系统能够充分利用海洋牧场的优势，提高饵料利用效率，保护牧场生态环境，增加鱼群在指定区域的聚集度，提高生态效益和经济效益。

鱼类行为监测系统：能够监测水下鱼类游动行为、鱼群位置等指标。该系统以超声波作为探测手段，能够产生超声波和接收超声波。设备工作时，首先由超声波传感器向水中发射信号，当信号碰到不同于水的介质如固体、气体等（主要是鱼群、海底岩石等）时，一部分信号会反射回来；然后，反射信号经传感器过滤后输入至主机；最后，主机里的微电子处理器对过滤后的信号分析处理后，通过显示屏以直观的画面显示结果。

气象监测系统：可提供6种非常重要的参数，分别为气压、温度、相对湿度、降水量、风速和风向。

水上视频监控系统：是一种海上视频管理系统，可实现全天候视频监视，能够全方位覆盖海洋牧场的海上区域，实现了海洋牧场海上区域的透明化。通过该系统，工作人员在控制中心可以全方位获得海上实际情况，在手机上也可以获得相关情况。

人工鱼礁可视化视频监控系统：是一种水下视频管理系统，可以监测水下渔业资源和人工鱼礁的情况，可以实现对人工鱼礁中目标的实时监测，可以为海洋牧场建设提供大量的海底视频资料。

管理控制中心系统：可以对平台上搭载的所有设备进行监控管理，包括多种监测仪器和传感器。该系统能够对海洋牧场的水质、气象和渔业资源量进行实时监测，可以对鱼类行为驯化等历史数据进行查询，能够对海洋牧场生态环境变化实时预警，还能通过雷达、视频监控和安防设施实现海洋牧场水上水下的安全、有序化管理。该系统结合现代化信息技术，实现了海洋牧场的可视化，为科学管理海洋牧场提供了有力支持。

"海洋1号"效果图

自升式、半潜式多功能海洋牧场平台

2016年以来，烟台中集来福士集团依托深水开发平台，进军海洋牧场等新领域。2017年7月，中集来福士集团针对多变的海洋环境及高温、低氧、台风等海洋气候特征，自主设计建造了自升式、半潜式海洋牧场远程智能管理平台。平台配备有液压插销式升降系统，能抵抗12级大风和8.4米高的海浪。到2018年9月，已有20多座该类型的海洋牧场平台屹立于黄海、渤海等海域。该类型的海洋牧场平台集海洋牧场智能管护、科学研究、观光旅游、海上垂钓等多种功能于一体，使得海洋旅游从浅滩走向深蓝，推动了休闲渔业、深远海养殖看护、海洋观测网建设的发展，对山东省"海上粮仓"建设具有里程碑意义。

海洋牧场平台实物图

平台由4根直径为1.5米的圆柱形桩腿、桩靴、甲板盒和上层建筑组成，其升降提升能力按照实际需求的1.5倍设计。平台在主甲板前后一共设置了4条逃生通道，并配备有救生筏、救生衣、救生圈、灭火器、烟雾信号弹等安全救生设备。平台大量采用国产设备,主要包括国产折臂吊、自主设计的平台提升装置、国产化的锚泊定位装置等,对整个海洋牧场产业链的良性发展具有重要意义。平台的能源系统利用的是风能、太阳能等绿色能源以及常规能源:通过对电气系统的优化设计,平台可以在气象条件良好的情况下大量采用绿色能源;在绿色能源供应不足的情况下,平台自动采用常规能源。

该类型的海洋牧场平台在整体设计上具有较大的先进性,主要有以下5个功能:

1. **养殖看护、监控**。目前,我国的海上养殖主要集中在港湾或浅滩区域。由于近海污染严重、水体交换慢、鱼病群发、海洋荒漠化、优质海岸线用于旅游开发等,传统的渔业养殖亟须向开阔的深远海转移。但是,在港湾或浅滩区域看护用的小渔船等无法在风浪较大的开阔海域长时间停留,给养殖看护增大了难度。此外,深远海养殖意味着养殖区离岸远,人员往返、饲料运送等费时费力。该类型的海洋牧场平台就像海上的小岛,不但有效解决了渔民在养殖区长时间生活居住、饲料存放等难题,而且可以搭载渔业养殖用的现代化设备,通过视频监控、传感器等有效监控周围海域含氧量及鱼类生长情况。同时,该类海洋牧场平台还可以通过安装网络将养殖数据实时传输到海洋牧场观测网,便于专家进行数据分析和在线技术支持等,实现智慧渔业。

2. **海上休闲娱乐**。"渔夫垂钓"是山东省海洋与渔业厅、旅游局为贯彻国务院《国民旅游休闲纲要(2013—2020年)》和《山东省国民休闲发展纲要》,充分利用渔业资源,满足群众休闲垂钓需求,推进具有山东特色的渔业旅游休闲体系建设,促进海洋经济和现代渔业发展方式转变而共同打造、全新设计的休闲渔业旅游品牌。该类型海洋牧场平台根据自身特点与"渔夫垂钓"品牌相结合,推出"鱼礁+平台+垂钓"概念,为游客打造安全舒适的垂钓环境。

3. **海上试验**。平台作为海上空间站,为一些新型的海洋装备、仪器乃至海军武器装备提供了长期稳定的试验环境,深受科研院所的青睐。

4. **海洋观测**。根据实际需求,该类型海洋牧场平台可以搭载相关监测设备,实现气象监测、波浪监测、海流监测、海区实时视频监控、水质监测、礁体监测、生物监测等水上、水下全面监测功能,并实时传输数据。

5. **预警功能**。根据实际需求,该类型海洋牧场平台可搭载海洋预警监测设备,收集大数据,并通过数据处理实现实时预警、预报功能,如可进行灾害预警、气象预警、溶解氧预警、生物预警等。

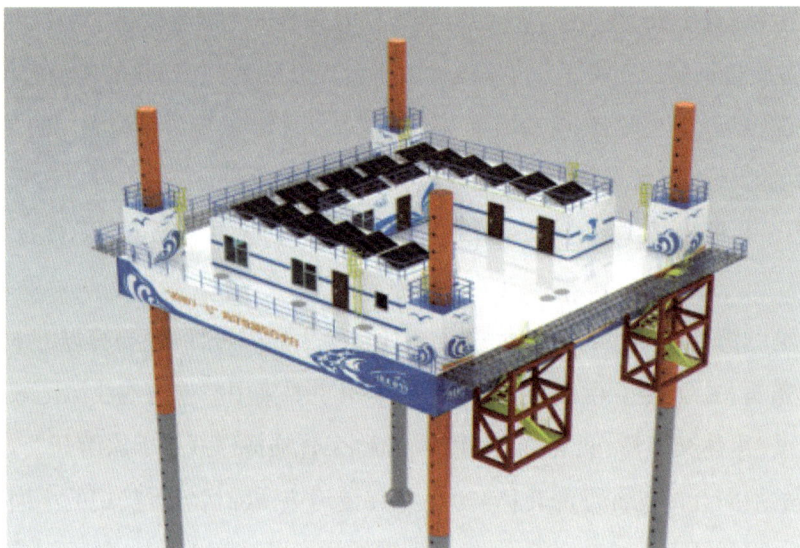

海洋牧场平台示意图

建设现代化海洋牧场是加快渔业转型升级、建设海洋生态文明的必然要求。受环境污染、工程建设及过度捕捞等诸多因素的影响，我国近海渔业资源严重衰退，水域荒漠化日趋明显，渔业发展遇到瓶颈。以修复水域生态环境、养护渔业资源为目标建设现代化海洋牧场，加快推进渔业转型升级，既有利于实现渔业的健康、可持续发展，又有利于海洋生态文明的建设，是扩展渔业发展空间、实现高质量发展的必由之路，是深入推进供给侧结构性改革、增加优质水产品有效供给的现实需要。现代化海洋牧场在降低海洋捕捞强度、海水养殖密度的同时，必将推动水产养殖从浅海走向深海，从近岸走向远海，从单一走向多元。另外，随着消费结构的转型升级，人民群众对优质海产品的需求日益增长，而加快建设现代化海洋牧场不但能够缓解粮食安全压力，为人民群众的餐桌增添更加丰富的海洋食品，而且能够改善营养膳食结构，提升国民身体素质。

后 记

2018 年 6 月 12 日，习近平总书记在山东考察时，来到青岛海洋科学与技术试点国家实验室，了解实验室研究重大前沿科学问题、系统布局和自主研发海洋高端装备、推进海洋军民融合等情况后，深情地说："建设海洋强国，我一直有这样一个信念。"

总书记的这句话打动了所有海洋工作者。于是，多方经过反复沟通、探讨，就形成了本书系。

本书系一共有 4 本：《驶向深蓝·纵横九万里》以船舶为主线，主要介绍我国大洋、极地科考以及海洋卫星的发展历程；《挺进深海·潜航一万米》以潜水器为主线，主要介绍载人潜水器、无人潜水器及水下机器人的研发历程；《耕海牧渔·奋楫千重浪》主要以海洋渔业为主线，介绍我国海洋养殖、捕捞业的发展历程；《定海神针·决战新要地》以海洋经济发展为主线，介绍我国跨海大桥、港口、海水淡化、海洋资源开发、海洋生物医药等发展情况。

本书系系统讲述了我国海洋领域具有代表性的重大装备的发展历程、创新技术、科学原理、背后故事、重要成果，如同一幅波澜壮阔的蓝色画卷，徐徐展开。

为了保证事实准确、数据可靠，我们得到了自然资源部所属的国家海洋局极地考察办公室、中国大洋协会办公室、北海局、东海局、南海局，海洋一所、二所、三所、淡化所，国家卫星海洋应用中心、国家深海基地管理中心、中国极地中心以及天津大学、中科院沈阳自动化所、大连海洋大学等有关专家的支持和帮助，纠正了一些错误，并得到了大量历史图片。在此，我们深表感谢。

建设海洋强国是近代百余年来无数有识之士所期盼的，更需要一代又一代人前赴后继地为之奋斗，让过去有海无防、有海无权、落后挨打、割地赔款的耻辱彻底成为历史。

站在海边远眺，波浪一层一层地由近及远，直抵天际。辽阔的海天之间，蕴藏着力量、神秘、恐惧、梦想和远方。

心若在，梦就在；海洋强，则国强。实现中华民族伟大复兴的中国梦，建设海洋强国必不可少。

谨以本书系献给那些"愿乘长风，破万里浪"和"直挂云帆济沧海"的勇士们。

图书在版编目（CIP）数据

耕海牧渔·奋楫千重浪 / 杨威，刘永虎编著. —青岛：青岛出版社，2021.6
ISBN 978-7-5552-8545-8

Ⅰ.①耕…　Ⅱ.①杨…　Ⅲ.①渔业经济—经济发展—中国　②海洋环境—生态环境建设—中国
Ⅳ.①F326.4　②X321.2

中国版本图书馆CIP数据核字（2019）第190508号

书　　名	**耕海牧渔·奋楫千重浪**
作　　者	杨　威　刘永虎
出版发行	青岛出版社（青岛市海尔路182号，266061）
本社网址	http://www.qdpub.com
策划编辑	张性阳　宋来鹏
责任编辑	张文健
责任校对	周静静
照　　排	青岛出版社教育设计制作中心
印　　刷	青岛嘉宝印刷包装有限公司
出版日期	2021年6月第1版　2021年6月第1次印刷
开　　本	16开（787mm×1092mm）
印　　张	9
字　　数	150千
书　　号	ISBN 978-7-5552-8545-8
定　　价	48.00元

编校印装质量、盗版监督服务电话　4006532017　0532-68068050